Das Rogner Bad Blumau

Martin Amanshauser

Das Rogner Bad Blumau

Korrigendum

Über Aufforderung der *Hundertwasser Privatstiftung* und der *Namida AG* wurden Abbildungen einiger von Friedensreich Hundertwasser stammender Architekturelemente unkenntlich gemacht (Seiten 20, 26, 27, 30, 31, 32, 47) und wird festgehalten, dass Friedensreich Hundertwasser sich nicht für „Krawattenbemalungen" interessiert hat (Seite 20), das „Seifenrecht" nicht auf diesen Künstler zurückzuführen ist (Seite 24), und es sich bei der im Zusammenhang mit dem Literaturpreis des Jahres 2006 verwendeten Bezeichnung „Kugelrot" nicht um einen Künstler-Vornamen *Friedensreich Hundertwassers* handelt (Seite 67).

Verlag Perlen-Reihe

Verlag Perlen-Reihe

Aufgrund der besseren Lesbarkeit wird in diesem Buch die männliche Form verwendet, es sind aber ausdrücklich beide Geschlechter gemeint.

Danke: Walter Sedlacek, Ulla Harms, Steffi Jaksch, Alexander Kugler, Amanda Read, Josef Probst, Bernhard Amanshauser, Eva, Nils und Jim Krivanec, Doris Jany, Melanie Franke, alle Mitarbeiter des Rogner Bad Blumau.

ClimatePartner°
klimaneutral
Druck | ID: 10944-1306-1001

MIX
Papier aus verantwortungsvollen Quellen
FSC® C012536

Seit 2011 wird die Perlen-Reihe umweltfreundlich aus FSC®-zertifiziertem Papier hergestellt, mit Pflanzenölfarben gedruckt und klimaneutral produziert. FSC®, Lizenz-Nr. 012536 Klimaneutral drucken, 9.494 kg Kompensation CO_2

Impressum
Band 208
1. Auflage, Änderungen vorbehalten, Stand Juli 2013
© Verlag Perlen-Reihe Wien
www.perlen-reihe.at
Alle Rechte vorbehalten

Umschlagkonzept: David Wagner
Umschlagillustration: Peter Jani
Fotos: Henrik Harms, Rogner Bad Blumau © Hundertwasser Architekturprojekt
Lektorat: Mag. Stefanie Jaksch
Kartengestaltung: Susanne Weigersdorfer
Satz: Sheila Ehm, brennheiss.at
Druck und Bindung: Druckerei Theiss GmbH, St. Stefan im Lavanttal
Printed in Austria
ISBN 978-3-99006-029-5

„Alles ist so kompliziert."
Fred Sinowatz

„Alles ist so unendlich einfach, so unendlich schön."
Friedensreich Hundertwasser

Inhalt

Vorwort 8

Ein Reiseführer für eine Therme 11
  Das Urmeer, der Hundertwasser und der Rogner 11
  Wie Sie dieses Buch verwenden 12
  Regeneration, Luxus und Gesamterlebnis 12
  Im Teletubbie-Land: Sanfte Wiesen, kleine Hasen 13
  Änderung der Freizeitkultur 14
  Anything goes? Das meiste ist erlaubt 15

Die erstaunliche Geschichte des Rogner Bad Blumau 17
  Eine Erstbohrung und ein Gemeindesekretär 17
  „Hier werden wir etwas machen!" 18
  Hundertwasser: Künstler des Volks 20
  Fensterrecht, Baumpflicht, Seifenrecht. Und Hügelwiesenland! 24

Die Familie Rogner: Eine österreichische Erfolgsgeschichte 28
  Ein Kärntner Maurer 28
  Begegnung mit drei Rogners 29
  Das Bad Blumauer Manifest 35

Die Quellen des Rogner Bad Blumau 36

Wie funktioniert das? Geothermie und Erdwärmekraftwerk 38

Unterwegs im Rogner Bad Blumau 41
  Die Reception ist das Wohnzimmer 41

Wer und was begegnet Ihnen hier? 44
Babette-Eier, Bio-Schweine und Shropshire-Schafe 49
Salziges Wasser und Liebesblumen: Die Thermenwelt 53
Wellness, Spa und Outdoor-Unterhaltung 59
Die Meister 67

Kulinarik 69
Zwei Lokalbesuche täglich 69
Die Lebensmittel: 100 % Region 72

Ziele in der Umgebung 78

Serviceteil 83
Hundertwassers Gebäude 83
Bars, Restaurants, Cafés 86
Fakten 89

Register 93

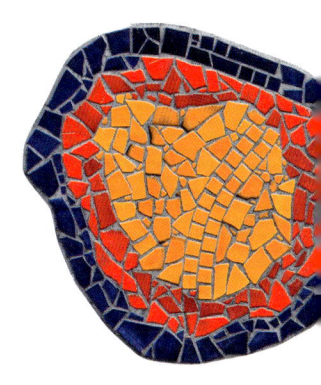

Vorwort

Okay, Sie haben es bis in Ihr Zimmer des Rogner Bad Blumau geschafft. Jemand hat Sie freundlich begrüßt, jemand hat Ihnen die Hände gewaschen. Sie können sich nun entspannen. Also los! Na ... Sie sind noch immer nicht entspannt? Dann lehnen Sie sich doch zurück und werfen einen Blick in diesen Reiseführer. Jetzt werden Sie mit Recht fragen, wieso gleich ein ganzer Reiseführer für eine Therme? Schießt da jemand mit Kanonen auf Spatzen? Ich denke nein, allein schon, weil dieses Gelände in der Tat außergewöhnlich weitläufig ist. Die durchschnittliche Verweildauer eines Hotelgasts im Rogner Bad Blumau – das sagt die Statistik – beträgt 2,5 Tage. Lange genug für eine kurze Auszeit. Sie können nun ein Minimalprogramm absolvieren und einfach nur essen, baden und in einer der Kuschelecken dösen – und lesen. Oder Sie machen sich auf den Weg durch das Bad.

Erlauben Sie mir ein paar persönliche Worte: Ich bin in den letzten zehn Jahren viel in der Welt herumgekommen, meistens, um Reisegeschichten zu schreiben für Medien wie den „Standard", die „Presse" oder die „Süddeutsche Zeitung". Nun versuche ich mich erstmals am Genre Reiseführer. Ich war am Anfang eher skeptisch. Was soll man schon über eine Therme schreiben? Warmes Wasser, Ruhe und Erholung – ist da nicht schon kurz nach der Überschrift alles gesagt? Außerdem: Ich persönlich bin keiner, der so leicht die Seele baumeln lässt, wie man so gerne sagt. Ich schalte ungern ab, allein der Gedanke an Entspannung irritiert mich irgendwie. Zunächst machte ich also unter Freunden eine Umfrage, ob sie diese Therme kannten, und was ihnen daran positiv oder negativ aufgefallen sei. Einer schrieb zurück: „An jeder Ecke ein Klo, lustige Namen für Besprechungsräume, super Architektur." Aha! Darauf, dachte ich, kann auch einer aufbauen, der kein Saunafreak ist.

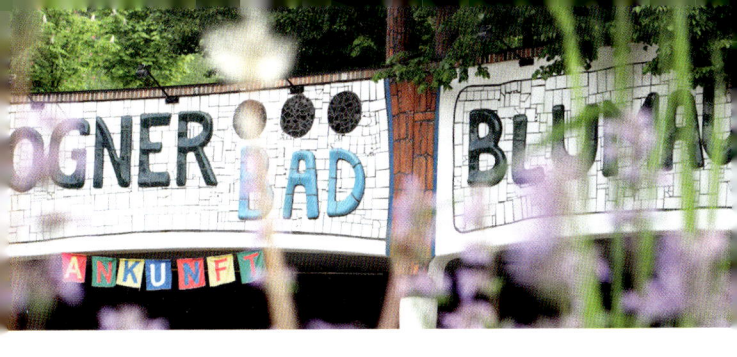

Das mit den Toiletten erwies sich übrigens als sehr angenehm, und nach einigen Tagen Aufenthalt ließ sich sogar ein berufsbedingter Skeptiker wie ich von der Ruhe anstecken. Ich erfreute mich an meinen gedämpften Schritten, an den goldenen Bäumen in den Verbindungsgängen, mich begeisterte die unaufdringliche Freundlichkeit der Mitarbeiter und die Mischung aus Professionalität und Herzlichkeit, wie sie von der Direktorin, Frau Franke, vorgelebt wird. Darüber hinaus verblüffte mich, wie gut der Organismus funktioniert, wie perfekt das Innen und das Außen zusammenspielen. Außerdem war das Essen erstklassig.

Spätestens nachdem die Dame an der Reception (die heute Wohnzimmer heißt, aber davon später) an Ihnen diverse Begrüßungsrituale vorgenommen hat, wird Ihnen vorliegendes Buch aus der beliebten Perlen-Reihe überreicht. Mit oder ohne diese kleine Hilfe können Sie sich nun frei bewegen durch das 42 Hektar große Land namens Rogner Bad Blumau. Oder Sie bleiben sitzen und lesen. Also los!

Martin Amanshauser, Mai 2013

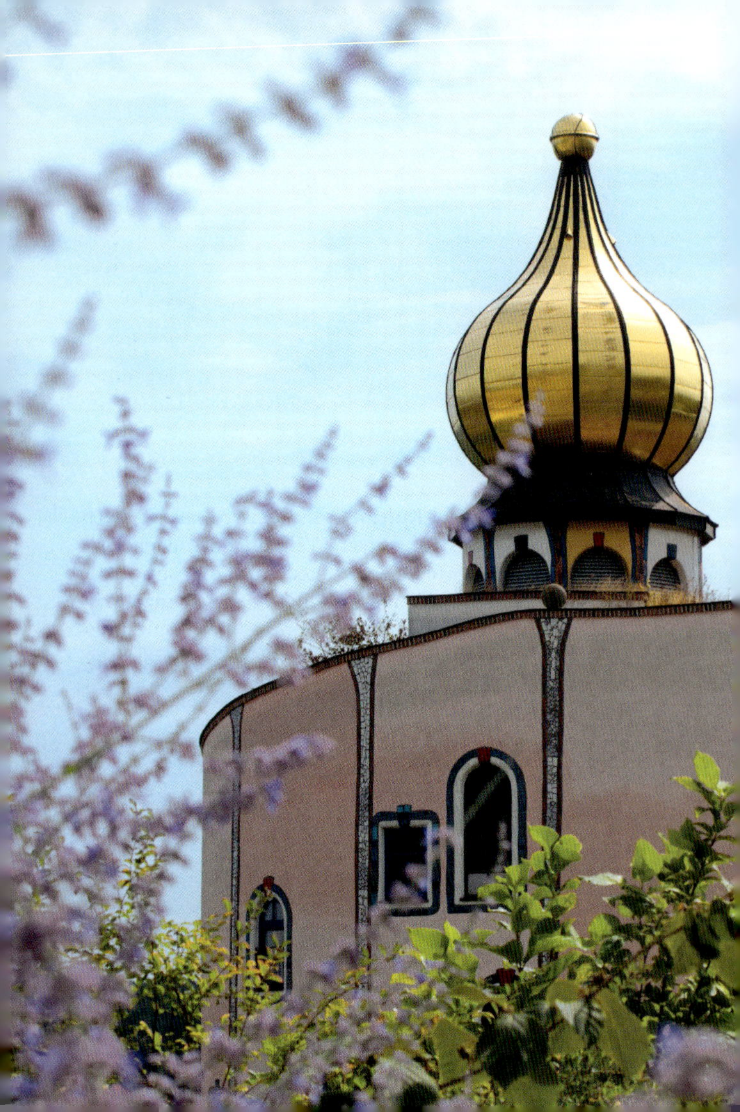

Ein Reiseführer für eine Therme

Das Urmeer, der Hundertwasser und der Rogner

Wissen Sie eigentlich, dass Sie sich auf einem der geologisch interessantesten Plätze der Welt befinden? Sie liegen, sitzen oder stehen auf einem Millionen Jahre alten Urmeer. Nur ist die gurgelnde, brennheiße Wassermasse zum Glück dreitausend Meter unter Ihnen. Aber Sie haben das Privileg, im Wasser dieses Meeres zu baden!

Dazu kommt, dass sich über der Erde das architektonische Opus Magnum eines der berühmtesten zeitgenössischen Künstler in die Landschaft schmiegt. Friedensreich Hundertwasser lernte den Bauunternehmer Robert Rogner aus reinem Zufall kennen und erhielt von ihm die Gelegenheit, sein größtes Werk zu errichten. Ein organisches Zusammenspiel aus Natur und Kultur, das schon vor seiner Eröffnung Schaulustige aus der ganzen Welt anlockte. Nicht nur das: Die außergewöhnliche energietechnische Lösung hält über eine ausgeklügelte Heiztechnik die Therme ganzjährig warm und deckt ein Drittel ihres Strombedarfs. Neunzehn von zwanzig Litern der hochmineralischen Quelle bleiben im natürlichen Kreislauf, das Abwasseraufkommen ist im Vergleich zu anderen Thermen minimal. Das CO_2, das anfällt, wird nicht in die Luft gepulvert, sondern verflüssigt und selbst verwendet bzw. an die Getränkeindustrie verkauft. Das alles verdankt das Rogner Bad Blumau nicht nur Robert Rogner und dessen haarsträubender Hartnäckigkeit – sondern auch einer guten Kombination von natürlichen Ressourcen und menschlichem Wirtschaften. Natur, Wohnen und Baden ist in Blumau ein Gesamterlebnis, eines mit Türmchen, Fliesenwänden und Kuppeln auf dem brodelnden Urmeer.

Wie Sie dieses Buch verwenden

Das vorliegende Buch soll Ihr mobiler Guide sein. Auf diesen Seiten werden Sie nachschlagen können, welche Bereiche, Becken und Quellen Ihnen zur Verfügung stehen. Sie werden Kunst-, Stein- und Ziegelhaus kennenlernen und sich Wörter wie „Augenschlitzhaus" aneignen. Zudem darf ich Ihnen ein paar Geschichten erzählen, die Sie noch nicht kennen – über Architektur, Menschen, Landwirtschaft oder Hundertwasser. Sie haben nur ein einziges Exemplar, legen Sie es daher nicht an den Rand des Wellenbeckens! Außerdem ist es ausdrücklich verboten, ein frisches Buch aus dem Bademantel Ihres Nachbarn zu stehlen.

Regeneration, Luxus und Gesamterlebnis

Ich bin beruflich dauernd in Hotels. Hotels öden mich chronisch an. Die Zimmer, Bars und Steaks sehen alle so gleich aus, und die Schlüsselkarten gehen regelmäßig kaputt. Beim Rogner Bad Blumau fiel mir hingegen gleich die irrwitzige Eigenständigkeit auf. Ich hatte Hundertwasser trotz all der Farbenpracht immer für irgendwie düster gehalten. Nach einigen Tagen begriff ich jedoch, dass es darauf nicht ankam. Vielmehr wurde mir klar, dass seine Architektur, zumindest auf dem Thermensektor, einfach funktioniert. Das Rogner Bad Blumau passt sich der Umgebung, den Jahreszeiten und womöglich auch seinen Bewohnern an. Bei Schönwetter glänzt es von außen. Bei Nebel strahlt es von innen.

Rund 70.000 Hotelgäste und 70.000 Tagesgäste tummeln sich in dieser Therme. Zum Glück nicht alle gleichzeitig, sondern pro Jahr. Weshalb kommen so viele? Es liegt an der Authentizität dieses Fleckens Erde, mit seinen Feldern und dem dazugehörigen Bauernhof. Es liegt auch an den einfachen Dingen: dem frischen Brot, dem Karottensaft, dem unvergleichlichen Nachspeisen-Buffet, und nicht zuletzt an der außergewöhnlichen Architektur. Der Meister der ungeraden Linie setzte eine Menge Bauten in die Welt, doch nur bei einem einzigen Projekt geriet er mit den Ausführenden nicht in Clinch – nämlich in Bad Blumau.

Nun war und ist Hundertwasser ein durch und durch kontroversieller Künstler. „Die gerade Linie ist gottlos!", so sein Credo. Keine Angst, Sie werden nur selten stolpern, und auch Ihre Zahnbürste wird nicht auf den Boden stürzen. Hundertwasser war nicht ganz so dogmatisch wie sein Ruf. Die eine oder andere gerade Linie, auf die Sie zählen können, hat er durchaus zugelassen.

Im Teletubbie-Land: Sanfte Wiesen, kleine Hasen

Wer aus einem Hundertwasser-Fenster im Rogner Bad Blumau blickt, sieht entweder das reizvolle Ensemble aus Tausendundeinenacht-Türmen, gelbrotblauweißen Fenstern und Pooltürkis, oder – wähnt sich in der TV-Landschaft der Teletubbies. Blumen und Bäume sprießen auf den sanften Wiesen, kleine Häschen hoppeln herum. Wo die Wiesen enden, recken sich Birken in die Höhe, viele von ihnen ➡ Lebensbundbäume der Gäste, und am Horizont duckt sich ein dunkler Märchenwald.

Von der Architektur über die Quellen bis zum Spa ist alles auf interessante Art anders, eine fröhliche Mischung aus geologischen und künstlerischen Wundern. Bunter, frischer, jünger, ein Abenteuer, das man nur hier findet. Dazu gehören seit neuestem die berühmte ➡ Rogner Bad Blumau

Waschung oder das Angebot ➡ Zeit zu Zweit, bei dem eine maßgeschneiderte, individuelle Verwöhnung stattfindet, entwickelt von Partnern und Mitarbeitern in den hauseigenen Werkstätten.

Änderung der Freizeitkultur

Unsere Freizeitkultur ändert sich. Thermen werden schick. Heißes Wasser? Meine Freunde und mich hätten, als ich 25 war, keine zehn Pferde in eine Therme gebracht. Heutige 25-jährige zählen jedoch, zum Beispiel wenn sie frisch verliebt sind, durchaus zur Zielgruppe. „Das aus den Erdtiefen sprudelnde Wasser, oftmals ein Natrium-Hydrogenkarbonat-Gemisch, scheint die eierlegende Gesundheitswollmilchsau zu sein", schrieb Ilja Troianow über die steirische Thermenregion, „es entlastet beim Schwimmen die Muskulatur, schont die Gelenke, strafft Haut und Bindegewebe, fördert die Abwehrkräfte, entspannt und wirkt heilend und vorbeugend."

Während des größten Teils des 20. Jahrhunderts waren die Oststeiermark und das südliche Burgenland stark unentwickelte Gebiete. Die Thermen haben diesen Zustand verändert, ihr wirtschaftlicher Faktor für die Region ist erheblich. Allerdings nahm ihre Anzahl stark zu, was zwangsläufig zu einer Spezialisierung führte. Die eine sieht aus wie ein Spielcasino in Arizona (vielleicht haben Sie sie auf dem Weg gesehen), die nächste ähnelt wieder eher einem Rehab-Zentrum.

Zwischen den Thermen herrscht, wie ich glaube, ein ziemlicher Verdrängungskampf. Es ist wohl kein Zufall, dass einige so oft den Besitzer wechseln. Das Rogner Bad Blumau wirkt dagegen wie ein ziemlich sicherer Hafen. Es hat das Glück, dass seine Spezialisierung in der poetisch-fantastischen Hundertwasser-Eigenart liegt, die alles durchdringt.

Anything goes? Das meiste ist erlaubt

Was das Rogner Bad Blumau einzigartig macht, ist noch eine andere Sache, die mir als Individualisten behagt. Nämlich, dass hier alles (zumindest alles Vernünftige und gesellschaftlich Anerkannte) erlaubt ist. Wer draußen im Freien unter einer Decke schlafen will, wird dabei unterstützt. Wer barfuß über die Wiesen rennen will, ist dazu angehalten. Viele Farben, viele Formen, kaum Vorschriften, kaum Zwänge – deshalb sind die klassischen Essenszeiten auch aufgelöst worden. Sie erhalten Ihr Frühstück, wenn Sie möchten, am Nachmittag. Und wer eine warme Suppe in der Früh benötigt, kriegt diese auch. Was geht noch? Gute Nacht sagen! Schlafen in der Öffentlichkeit ist ja sonst oft Anzeichen eines niedrigen oder gar keines Einkommens. Hier ist es auf der gesamten Anlage erlaubt, ja erwünscht. Auch wäre es theoretisch möglich, dass Sie ganz ohne Gepäck kommen. Toilettesachen und Badezeug genügen – es ist ja alles da.

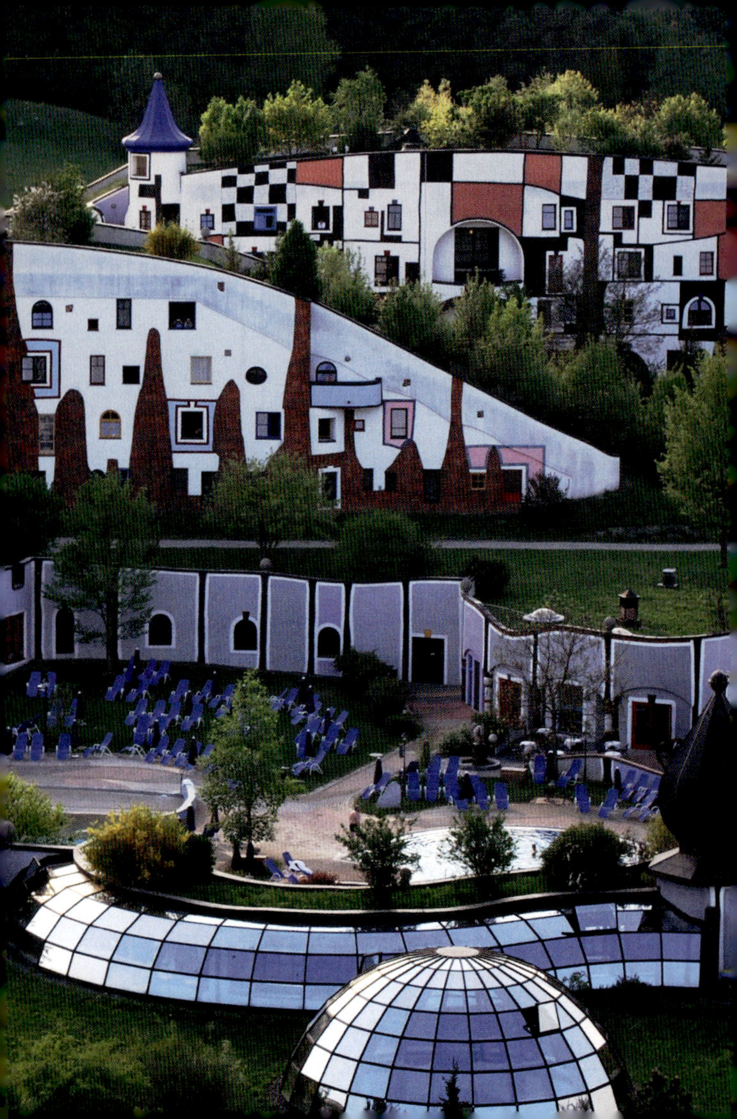

Die erstaunliche Geschichte des Rogner Bad Blumau

Eine Erstbohrung und ein Gemeindesekretär

Eigentlich war kein Platz mehr für eine weitere Therme im Steirischen Thermenland. So lautete jedenfalls die feste Meinung der umliegenden Gemeinden, als das Projekt Rogner Bad Blumau spruchreif wurde. Doch den Einwohnern des finanzschwachen Blumau war dank eines Wassergutachtens bewusst, welch heißer Schatz unter ihren Sohlen begraben lag. Man musste nur ein Loch bohren, und er würde nach oben schießen. Denn die Probebohrung einer OMV-Tochterfirma hatte 1978 ergeben, dass in knapp 3.000 Metern Tiefe zwar kein Erdöl, aber hundert Grad heißes Wasser lagerte. Man hatte das Loch mit Beton geschlossen, und das Land entwarf den Plan, eine Mülldeponie nach Blumau zu bringen.

Das war nun keine Zukunftsperspektive, die den Blumauern gefiel. Gemeindesekretär Karl Semmler war einer von denen, die unermüdlich gegen solche Pläne ankämpften. Und er lag Robert Rogner in den Ohren: „Therme, Therme", flüsterte Semmler, doch Rogner blieb eine Zeitlang taub. Bis eine Expertise belegte, dass das Wasser unter Blumau hohes mineralisches Potential hatte – und deutlich heißer war als erwartet. Rogner, der Kärntner Baulöwe, der zu diesem Zeitpunkt seine großen internationalen Erfolge feierte, kaufte die lokalen Gründe.

Als Robert Rogner im Jahr 1989 bei einem Abendessen in Schönbrunn gegenüber vom Künstler Friedensreich Hundertwasser zu sitzen kam, fiel ihm folgender Satz ein: „Ich hab einen Grund mit einem hundert Grad heißen Wasser, und Sie heißen ja Hundertwasser, machen wir dort gemeinsam eine Therme?" Hundertwasser antwortete: „Machen wir." Viel mehr sagte Friedensreich Hundertwasser an diesem Abend offenbar nicht, was Rogner wohl irritierte – doch die Zusammenarbeit kam zustande.

„Hier werden wir etwas machen!"

Wenige Wochen später lud Rogner nach Blumau, um mit dem Künstler und dem ausführenden Architekten Peter Pelikan das Bohrloch und die Wiesen, auf denen die Anlage stehen sollte, zu besichtigen. Der gesamte Gemeinderat war anwesend, dazu zahlreiche Schaulustige. Gleich am Rande der Gründe floss das Flüsschen Safen. Zur Verblüffung der katholischen Landbevölkerung konnte sich Hundertwasser angesichts des kühlen Baches nicht halten, entledigte sich seiner Kleider und sprang ins Wasser, seiner Freundin voran. Als die beiden aus den Fluten stiegen, rief er: „Ja, das gefällt mir, hier werden wir etwas machen!"

Viel später, als das Modell fertig war – ein buntes Durcheinander aus Gebäuden, wie sie in der Oststeiermark noch nie gesehen worden waren, ein Potpourri aus Türmchen und Kuppeln, Häuser, die mit offenen Mäulern aus der Landschaft wuchsen, andere, die sich wie sanfte Sprungschanzen erhoben, ein Schneckenhaus, das wie eine Prater-Attraktion wirkte –, zweifelten viele an der politischen Umsetzbarkeit des Projekts. Sah das denn auch nur im Geringsten aus wie eine Therme?

Doch Rogner überwand die unwahrscheinlichsten politischen Schwierigkeiten, und am 21. Juni 1993 begann der Bau. In den folgenden Jahren verirrten sich über 300.000 Neugierige nach Blumau, um zu schauen, wie es denn so stand. Das internationale Medieninteresse erreichte seinen Höhepunkt am 10. Mai 1997, als das Rogner Bad Blumau eröffnet wurde. Hundertwasser selbst hielt eine kurze Rede, die er so begann: „Verehrte Damen und Herren, diese Rolling Hills, das

Rogner-Bad, die Therme Blumau, dieses Hügelwiesenland, werden weltweit beispielgebend sein. Mit uns träumen die Menschen von mehr Romantik, mehr Geborgenheit, mehr Vielfalt, mehr Kreativität – hier ist es verwirklicht." Es folgte eine Brandrede gegen die Sackgasse doktrinärer Architektur und für diese „utopische, märchenhafte Zukunftsvision, wie sie sich nur Kinder vorstellen können."

Durch die Eröffnung begann für Blumau eine neue Ära. 9,5 Millionen Euro wurden seitdem in die Erneuerung des Ortes und in den Ausbau der touristischen Infrastruktur investiert, unter anderem in ein modernes Abfallwirtschaftszentrum, ein neues Feuerwehrhaus, eine Wohnsiedlung und den ➡ Thermenpark, der das Dorf mit dem Rogner Bad Blumau verbindet.

Auch die Landflucht konnte gestoppt werden, der Ort ist im Wachstum begriffen, nicht zuletzt durch die 330 neuen Arbeitsplätze. Die nachhaltige Ausrichtung des Unternehmens soll der Gemeinde langfristig ein gesichertes und stabiles Wirtschaftsumfeld bieten. Im Jahr 2001 erhielt Blumau das Kurort-Patent. Seitdem darf sich die Gemeinde „Bad" Blumau nennen.

Warum steht da am Rand ein Zaun?

Zunächst gibt es einen historischen Grund: Nach der Eröffnung im Jahr 1997 nahmen viele der Schaulustigen alles, was nicht niet- und nagelfest war, als Souvenir mit. Schließlich war das ja original Hundertwasser. Ein Malerpinsel oder ein Malerkübel galt bei einigen als so wertvoll wie ein echter Rembrandt. Ein bisschen Kontrolle war nötig. Die Zäune sind als Symbol für Sicherheit stehengeblieben und helfen heute unter anderem gegen die Wildschweine.

Hundertwasser: Künstler des Volks

Friedensreich Hundertwasser (1928-2000) war ein Mann, der für sein Leben gerne gestaltete. Nicht nur Bilder und Häuser, zuerst einmal seinen eigenen Namen, war der Künstler doch als Friedrich Stowasser in Wien zur Welt gekommen. 1949 übersetzte er die slawische Vorsilbe „sto" korrekt mit „Hundert" ins Deutsche, und signierte erstmals Bilder mit „Hundertwasser". Der Vorname „Friedensreich" fiel ihm in seiner Zeit in Japan, Anfang der Sechzigerjahre, ein. Da war er schon ein weltbekannter Maler, der vor allem in Frankreich und Japan einen guten Ruf hatte.

Die internationale Karriere lockte ihn aber weniger als eine Vielzahl von Projekten, durch die er sich von der zeitgenössischen bildenden Kunst immer weiter entfernte. Schon 1958 hatte er das „Verschimmelungsmanifest gegen den Rationalismus in der Architektur" verfasst, in dem er gegen das funktionelle Bauen und den „Kult des rechten Winkels" Stellung bezog. Er sah sich weniger als Architekt denn als „Architekturdoktor". Er fasste seine Vorstellungen in Pläne und Worte, griff bei seinen realisierten Bauten aber auf die Hilfe erfahrener Architekten wie auf Peter Pelikan (*1941), und anderswo auf Josef Krawina (*1928, „Hundertwasser-Krawinahaus" im 3. Bezirk in Wien) zurück; für die Innenarchitektur war gerne Efthymios Warlamis (*1942) zuständig.

Immer stärker interessierte Hundertwasser sich für Design und stellte das Gesamtkunstwerk über die Malerei. Neben Briefmarken, Plakaten und Krawattenbemalungen entstanden Buchillustrationen, vom Latein-Wörterbuch „Der kleine Stowasser" bis zur Hundertwasser-Bibel. Popularität erlangte er, als er sich an die Spitze einer nostalgischen Bewegung stellte, um die alten österreichischen Auto-Nummerntafeln – weiße Schrift, schwarzer Grund – zu retten. Sein Entwurf einer Hundertwasser-Nummerntafel wurde 1988 von der Politik verhindert. Auch gab er eine Anleitung zum Bau einer Komposttoilette heraus („Die heilige Scheiße", ein weiteres Manifest). Später sollte er in Kawakawa (Neuseeland) die öffentliche Hundertwasser-Toilette errichten lassen, einzige Sehenswürdigkeit dieses 1.350 Einwohner-Örtchens. Sie funktioniert jedoch nicht nach dem Humus-Prinzip, das er zeitlebens propagiert hatte, sondern ist ein ganz normales öffentliches Klo.

Betrachtet man heute Porträt-Fotografien, wird Hundertwasser erst in den letzten zwei Lebensjahrzehnten zur weltberühmten Ikone: die Barretmütze, der Vollbart, die mageren und prägnanten Gesichtszüge – ein Mann mit eigensinnigen Thesen über eine bessere Welt. Mit Beginn der Achtzigerjahre sah Hundertwasser sich zunehmend als Aktivist der erwachenden Ökobewegung. Er wurde zum Vorkämpfer für ein Leben in Harmonie mit der Natur. Seine politischen und gesellschaftlichen Theorien erklärte er so simplifiziert, dass sie verständlich waren. Hundertwasser war kein Intellektueller, er verwandelte sich immer mehr in einen charismatischen Einzelkämpfer für eine neue, gesündere Lebensweise.

> **Warum sind Kalt- und Warmwasser am Zimmer mit einem Handmischer zu betätigen? Ist doch ein Uraltsystem!**
> Das war eine Bedingung von Hundertwasser. Er wollte, dass wir uns wieder mehr mit dem Gut Wasser auseinandersetzen. Wenn es schon von alleine aus der Leitung herausrinnt, müsse man wenigstens die Verantwortung übernehmen, es selbst zu mischen.

Schließlich erhielt Hundertwasser die Gelegenheit, Dutzende bauliche Großprojekte in Deutschland und Österreich zu verwirklichen. Sie alle tragen seinen unverwechselbaren, suggestiv-kindlichen Ornamentalstil. Die zeitgenössischen Baustile wirkten neben seinen Kathedralen der Phantasie rigide, kalt, abweisend. Dass ihm die großen Architekturpreise verwehrt blieben, kümmerte ihn nicht, solange er nur das Interesse der Betrachter erringen konnte. Und die Massen pilgerten mit Reisebussen an alle Orte, wo es Hundertwasser gab. Seine Kunst war nun im besten Sinne populär geworden.

Von allen Seiten her hagelte es jedoch Kritik auf den Meister. Projekte wie die „begrünte Tankstelle" oder die „unsichtbare und unhörbare Autobahn" brachten ihm ebenso wie die Neugestaltung der Umkleidung der Müllverbrennungsanlage Wien-Spittelau den Vorwurf ein, er sei ein „Behübscher", den eine schöne Fassade mehr als alles andere interessiere. Hatte ein Hundertwasser in seinen mittleren Jahren solche Nörgeleien in seinen Manifesten weit von sich gewiesen, stellte er jetzt den Behübscher-Vorwurf als Ehrentitel hin.

Inzwischen hatte er sich ein Grundstück in Neuseeland zugelegt, wo er die kalte Jahreszeit überstand. Seine Abneigung gegen Flugreisen brachte ihn dazu, per Schiff zwischen Europa und Ozeanien zu pendeln. Bei einer dieser Fahrten ereilte ihn auf der „Queen Elizabeth 2" am 19. Februar 2000 ein Herzschlag. Hundertwasser ließ sich auf seiner Farm in Neuseeland unter einem Tulpenbaum bestatten.

Ist wirklich jedes Fenster anders?
Von den ungefähr 2.800 Fenstern ist im Prinzip jedes anders, auch wenn sich einige nur in Kleinigkeiten (Fenstergriffe, Rahmen) unterscheiden. Aber es gibt doch drei, die absolut identisch sind. Das Rätsel ist lösbar: Sie haben die drei nämlich bereits gesehen und werden sie wieder sehen.

Fensterrecht, Baumpflicht, Seifenrecht. Und Hügelwiesenland!

Friedensreich Hundertwasser liebte Manifeste und Aufrufe. In einem davon legte er das sogenannte **Fensterrecht** fest. Jeder Bewohner eines Hauses solle das Recht haben, die Außenfassade so weit zu bemalen, wie sein Arm reicht. In späteren Jahren erweiterte er dieses Recht auf „soweit ein Mann mit einem langen Pinsel reichen kann". Hundertwassers Ziel war, im Menschen das eigenständige, gestalterische Individuum zu erwecken. Das alles heißt jetzt aber nicht, dass Sie als Gast mit der Buchung einer Hotelnacht ein Anrecht auf Ausübung des Fensterrechtes haben. Obwohl – wer weiß!

Wichtig ist in der Hundertwassertheorie auch die **Baumpflicht.** Freie Natur solle überall sein, wo Schnee und Regen hinfallen: „Wo im Winter alles weiß ist, muss im Sommer alles grün sein." Dazu gehört die Bewaldung von Straßen und Dächern, die auf der Überzeugung fußt, dass man der Natur jene Fläche, die sie durch ein Bauwerk verliert, wieder zurückzugeben hat. Dem Fensterrecht und der Baumpflicht wurde im Rogner Bad Blumau aber auch das **Seifenrecht** hinzugefügt: Beim Einchecken dürfen Sie sich schon an der Reception ein Stück Seife abschneiden.

Friedensreich Hundertwasser war auch ein genialer PR-Stratege. Der fabelhafte Begriff **Hügelwiesenland** stammt aus seiner Feder und bezeichnet jenes Stück oststeirischer Thermenlandschaft, in die sich das Rogner Bad Blumau organisch einfügt. Er forderte ein „Leben im Einklang mit der Natur" im Rahmen seines „Neuen Humanismus": keine Ecken und Kanten, keine geraden Linien, vorwiegend organische Formen, eine Sym-

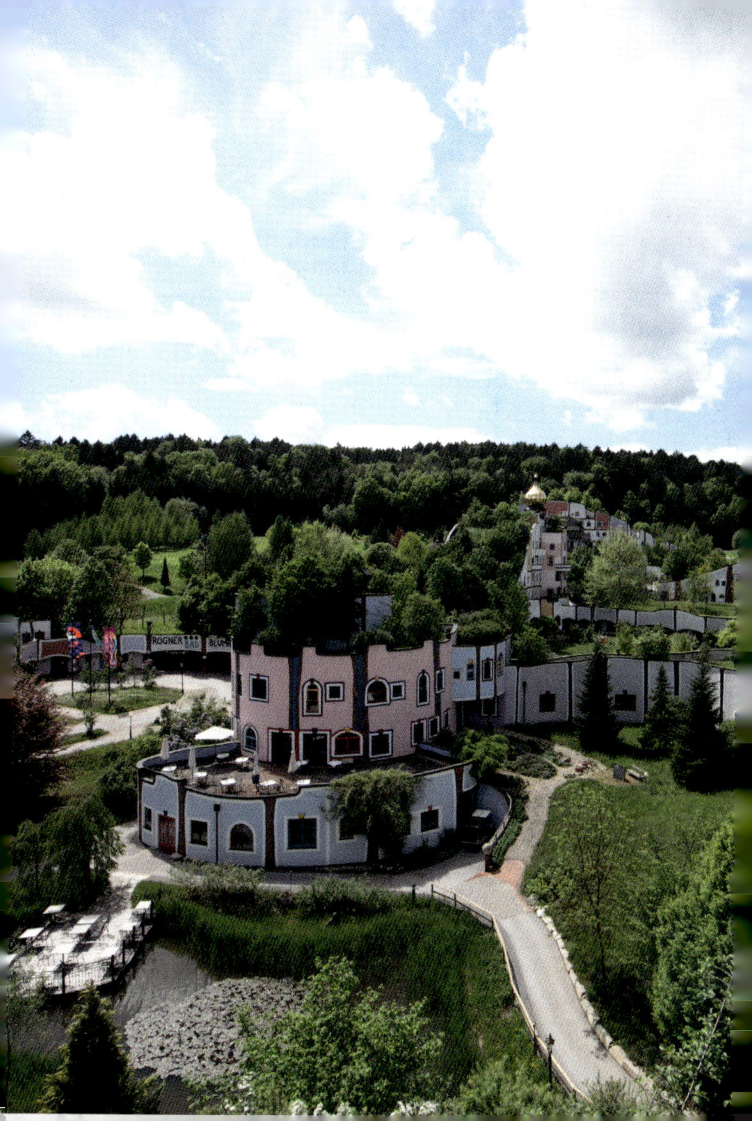
ROGNER

biose zwischen Natur und Architektur, eine Verbindung zwischen Landschaft und Baukunst.

Fenster, keine Bilder
In der Natur gleicht kein Gewächs dem anderen, nichts ist identisch. „Fenster in Reih und Glied sind traurig, Fenster müssen tanzen können", schrieb Hundertwasser. Das Fenster stelle das schönste Bild im Zimmer dar; sicherheitshalber werden kaum Bilder an die Wände gehängt.

Säulen zum Anlehnen
Haben Trägerfunktion, sind bei Hundertwasser aber auch Stilelemente – und laden laut Meister zum Anlehnen ein. Im Rogner Bad Blumau tragen 330 verschiedene Säulen die Decken, die Fliesen stammen von der Firma Ebinger Keramik in Bad Ems (Deutschland).

Das Gras muss bleiben
Der Boden, den man der Natur durch einen Bau raubt, geht im Konzept Hundertwassers nicht verloren: Das Gras und die Bäume findet man einfach oben auf dem Dach wieder. Grasdächer bilden einen natürlichen Schutz und sorgen für Wald- und Wiesenluft anstelle von Betonluft.

Skeptisch gegenüber Grün
Hundertwassers bunte Welt verzichtet auf die grellen Töne, dafür erfand er den Begriff „dunkelbunt", später einer seiner Vornamen. Auffallend ist das weitgehende Fehlen der Farbe Grün, die er der Natur vorbehalten wollte. Die Formen sind weich und organisch, so als würden die Gebäude in den Boden, aus dem sie sich erheben, zurückwachsen.

Naturschutzgedanke
Hundertwasser war einer der frühen Naturschützer und beherrschte das Vokabular der Nachhaltigkeit bereits in den achtziger Jahren. „Es sollte nicht einer Gemeinde zur Ehre gereichen, wie viel selbst gemachte Natur sie zerstört, sondern es sollte vielmehr für eine Gemeinde Ehrensache sein, soviel wie möglich von ihrer natürlichen Landschaft zu schützen", schrieb er in einem Plädoyer.

Hundertwasser Interior
Das Innen hält bei Hundertwasserbauten mit dem Außen nicht Schritt – dieses Urteil hört man vielfach. Stimmt. Für Hundertwasser hatte die Gestaltung der Zimmer keine Priorität. Er gab dem mit ihm befreundeten Innenarchitekten Efthymios Warlamis allerdings klare Anweisungen: reduziertes Design der Räume, keine Ecken und Kanten. Eine Menschenbehausung soll laut dieser Theorie nicht mit dem Außen – der Natur – konkurrieren.

Die Familie Rogner: Eine österreichische Erfolgsgeschichte

Ein Kärntner Maurer

Robert Rogner aus Aich bei Velden, geboren 1941, ist *der* österreichische Self-Made-Man. Im von unten nach oben sozial sehr undurchlässigen Österreich der Nachkriegszeit gibt es nur äußerst wenige Beispiele für die klassische Tellerwäscher-Millionär-Geschichte: Eine davon ist die eines Kärntner Maurers, der das Gewerbe auf deutschen Baustellen lernte, ehe er zum vielleicht bekanntesten Bauunternehmer des Landes wurde.

Rogner begann seine Karriere mit dem Bau und Verkauf von Appartementhäusern, wurde berühmt mit Feriendörfern, die aus dem Originalholz alter Bauernhöfe zusammengesetzt waren, baute überall auf der Welt, ehe er die Idee hatte, Projekte gemeinsam mit renommierten Künstlern durchzuführen. Hundertwasser war der spektakulärste von ihnen.

Die Firma Rogner wurde 1968 in Villach gegründet, das ursprüngliche Konzept war klar: Idee, Planung, Bau und Verkauf (später: Betrieb) kommen aus einer Hand. Robert Rogners Vorstellung von Unternehmertum bestand eben nicht darin, erfolgreiche Projekte beliebig oft zu wiederholen. Das Ergebnis waren 8 Appartementhäuser, 3 Kurzentren, 4 Verwaltungsbauten, 8 Feriendörfer, 5 Wohngebäude, 2 Bäder, 3 Golfplätze und 13 Hotels. Dazu gehören das „Hotel Biedermeier" (Sünnhof) und das „Hotel Ananas" in Wien, das „Don Giovanni" in Prag, das „Sobieski" in Warschau – oder die Renovierung des „Hotel National" in Moskau gegenüber vom Kreml. Andere Projekte wie etwa der „Club Columbus" auf Kuba, der überdimensionale Globus in Wien oder Niederösterreich (den ihm ein Mann namens Frank

Stronach wegplagiierte), der Freizeitpark „History Land" oder das Hundertwasser-Resort auf Teneriffa kamen nie zur Verwirklichung.

Der junge Robert Rogner und Jasmin Rogner, geboren 1969 und 1972, jene Kinder, die er mit Melitta Rogner in die Welt setzte, übernahmen im Jahr 2004 die Leitung, als sich der Vater aus dem operativen Geschäft zurückzog. Das Rogner Bad Blumau gehört zur Rogner Holding, an der sie je 50 % halten. Für die Recherchen zu diesem Buch traf ich alle drei in die Therme involvierte Rogners an einem wolkenlosen, unvernünftig warmen Apriltag 2013. Jeder einzelne Rogner – hieß es im Vorfeld – würde mir im Café eine halbe Stunde seiner Zeit zur Verfügung stehen.

Robert Rogner[3]   Robert Rogner sen.   Jasmin Rogner

Begegnung mit drei Rogners

Als erster, um 15 Uhr, kommt der **junge Robert Rogner** auf mich zu. Was weiß ich von ihm? Er kennt sich im Baustellen- wie im Hotelwesen aus, ist ein Experte für Gesundheits- und Spa-Tourismus, bewandert in Zen-Meditation und Tibetischer Medizin. Und jetzt stellt sich heraus, er ist auch ein fescher Kerl, ganz in weiß gekleidet – einer von den Leuten, die einem beim Handschlag ehrlich interessiert in die Augen blicken. Er bestellt Grünen Tee, so wie ich. Ich stelle mich mit ein paar Worten vor und merke, dass er aufmerksam zuhört. Doch eine Art unwiderstehlicher Energie bringt ihn bald dazu, vom Rogner Bad Blumau zu erzählen, ohne auf eine spezifische Frage des Interviewers zu warten. Vermutlich wird er nicht so gerne interviewt.

Dem „Rogner junior" gefällt die Bezeichnung Junior nicht. Verständlich – er ist über 40, wie lange soll sich ein Mann Junior rufen lassen? Um Verwechslungen auszuschließen, nennt er sich Robert Rogner[3]. Der hochgestellte Dreier ist keine unverschämte Verdreifachung, sondern bedeutet, dass er der dritte ist. Rogner[3] spricht über das Haus, als wäre es ein belebtes Wesen. Er klingt wie Hundertwasser, wenn er sagt: „Der Ort muss die Widersprüche aushalten – sie lösen sich in ihrer Vielfältigkeit auf." Er erzählt mir, dass diese Therme mit einem Kurhotel wenig zu tun hat. An diesem Ort „kannst du nichts falsch machen, und je näher du dich dem Grundgedanken öffnest, desto mehr übernimmt das Ensemble die Regie." Das einzige, was man tun könne, sei, „das Erlebnis, die Inszenierung zu verbessern. Aber kaum willst du hier Elemente des klassischen Hotelkonzepts einführen – kriegst du einen Schlag ins Genick. Das tut richtig weh." Die Gäste seien „nicht die klassischen Spa-Menschen", man habe ausführliche Untersuchungen gestartet, die Soziologen hätten entnervt mit den Achseln gezuckt: „Ihr habts keine Zielgruppe!" Irgendwann sei irgendwer zu dem genialen Schluss gekommen, dass die Zielgruppe „Paare, Pärchen" seien – aller Einkommensschichten und Altersstufen.

Rogner[3] sprudelt vor Ideen, versprüht eine mitreißende Begeisterung, seine Augen glänzen. „Ich frag mich oft – wieso geht jemand überhaupt bei uns ins warme Wasser? Hat er doch daheim in der Badewanne!" Seine Antwort: In einer Therme fühle man sich akzeptiert, aufgehoben, Warmwasser sei ein Mittler. Die Werkstätten hat Rogner[3] für Kreative geöffnet – und lässt die Mitarbeiter neue Dinge ausprobieren. Zum Beispiel das Händewaschen beim Einchecken: „Es ist schon eine ziemliche Intervention, wenn dir jemand die Hände wäscht. Einige schrecken ja zunächst zurück. Es auszuprobieren, ohne dass die Leute davonrennen, das geht nur hier. Im Hilton könntest du das nicht machen!"

Am Ende des Gesprächs will er mir noch den sogenannten „Geburtskanal" zeigen. Das ist ein enger, niedriger Weg in den Werkstätten, den die nach Blumauer Art Gewaschenen durchgehen sollen. Wir erheben uns. Als Interviewer bestehe ich darauf, ihn auf den gemeinsamen Grünen Tee einzuladen. Er versteht zuerst nicht und sagt etwas irritiert: „Ich weiß nicht, welches Arrangement Sie geschlossen haben!" Ich versuche ihm zu erklären, dass ich mich freue, seinen Tee zu zahlen. Er findet mich jetzt sicher seltsam. Immerhin: Es gelingt mir, einen Rogner im Rogner Bad Blumau auf ein Getränk einzuladen.

Rogner[3] besitzt einen Generalschlüssel. Der nützt ihm aber jetzt nichts, denn eine der Spa-Mitarbeiterinnen stellt sich dem Chef in den Weg – der Gang in den Werkstätten sei besetzt. Rogner[3] verspricht mir, dass wir ihn später ansehen. Ich blicke auf die Uhr. „Seine" halbe Stunde hat bereits 90 Minuten gedauert, ich weise ihn vorsichtig darauf hin, dass wir Vater und Schwester nicht noch länger warten lassen sollten.

Robert Rogner senior (also Rogner[2]) sitzt entspannt auf dem Balkon des Caféhauses, und es braucht keine bohrenden Fragen, um ihn zum Reden zu bringen. Nicht, dass er unglaublich gerne interviewt würde, doch ist er ein guter Erzähler. Ich frage, ob er auf sein Lebenswerk stolz ist. Rogner lässt sich von der banalen Frage nicht beirren: „An den Orten, wo ich kleine Meilensteine gesetzt habe, erfüllt mich der Gedanke mit Genugtuung." Er verwehrt sich gegen den

Baumeister: „So darf ich mich gar nicht nennen, sonst krieg' ich Probleme mit der Innung. Ich bin ein einfacher Maurer!" Geld habe ihn nie primär interessiert. „Aber ich hatte ein finanzielles Ziel: soviel zu verdienen, dass ich aufhören konnte. Das ist eingetreten als ich 40 war. Aber in mir war noch so viel Energie!"

Ich bestelle ein kleines Soda Zitron und bin gespannt, ob es mir erneut gelingen wird, den Gastgeber einzuladen. Vater Rogner erzählt unterdessen von den drei Dingen, mit denen er die Welt, wie er sagt, „ein bissl verändert" hat. Zunächst sein Konzept, Ferienhäuser so zu bauen, dass sie die örtliche Baukultur aus der Vergangenheit berücksichtigen. Nicht höher zu bauen als die Vegetation wachse. Zweitens sein Credo, dass alte Substanz geschützt gehört, man bei Renovierungen nicht einfach die Fassaden niederreißen und das Gebäude entkernen darf – wie er es beim „Hotel National" im Zentrum Moskaus vorzeigte, oder im „Sünnhof" (Hotel Biedermeier) in Wien. Drittens die Zusammenarbeit mit Künstlern – da sind wir schon bei Hundertwasser.

Ich frage Rogner, ob er eigentlich zu Hundertwassers Freund wurde? „Ich würde sagen, Hundertwasser hatte nicht viele Freunde. Zwischen uns hat die Chemie gestimmt. Aber eine innere Beziehung gab es weniger. Beim Bauen hat er oft Unmögliches verlangt. Regelmäßig hat er auf die Statik vergessen. Wenn ich ihm sagte, so geht es nicht, war er aber einsichtig."

Rogner denkt nach und fügt hinzu: „Ich hätte immer gerne eine seiner ersten Skizzen gehabt, ganz für mich, privat. Aber wissen Sie, was er mir zum Geburtstag schenkte? Eine Wasserwaage und eine Uhr."

Wir plaudern über den Bau der Therme. Keine Baufirma traute sich diese windschiefen Konstrukte zu. „Dann hab ich es mit meinen eigenen Leuten gemacht. Die Handwerker von hier haben die Fenster nach Anleitung von Hundertwasser gestaltet. Das ist ein Erfolgserlebnis, das kann man mit Geld nicht aufwiegen." An einigen Stellen hätten sie es auch übertrieben. „Die haben in den Gängen richtige Hügel, ganze Tsunamis gebaut. Da sagte dann wieder Hundertwasser: so nicht!" Der Meister habe den Leuten erklärt, was eine sanfte, organische Linie ist.

Rogner erhebt sich. Mein Soda Zitron bleibt offen, als wir aufstehen und er mir seine Tochter Jasmin vorstellt, die drinnen im Café auf mich wartet.

Über **Jasmin Rogner** weiß die Öffentlichkeit wenig. Vor allem ist bekannt, dass sie eine Spezialistin für Marketing ist. Eine junge, gutaussehende Frau mit langen Haaren begrüßt mich, angenehm unprätentiös. Ich spüre, ihr ist diese Art Interview mit dem komischen Autor, der da die Familie abgrast, ein bisschen unangenehm. Sie lächelt, sie lacht, vielleicht lacht sie mich sogar ein bisschen aus.
Sie erzählt mir gleich, dass sie gar nicht so sehr Marketing betreibt. Sie hat Design in Graz und New York studiert, wo sie zu bleiben plante. „Aber dann haben sie mich nach Hause gelockt. Vielleicht hätte es mir nicht geschadet, woanders Erfahrungen zu holen, aber da wartete eine reizvolle Aufgabe. Keineswegs eine gemähte Wiese, ich musste hart und schwer arbeiten – beweisen, dass ich es auch kann." Zunächst konzentrierte sie sich auf Interior Design, dann auf Hotel-

Ausstattung. Später betrieb sie zehn Jahre lang eine Werbeagentur für Kommunikation, PR und Marketing. In den Nuller Jahren wurden einige Objekte, für die sie tätig war, verkauft. „Am Ende behielt die Familie Blumau und das Hotel in Tirana. Und das Rogner Bad Blumau ist sicher das Masterpiece in der Geschichte Rogner. Dort liegt auch das meiste Potential." Sie sei immer gerne hier zu Besuch. Nein, sie habe kein fixes Zimmer. „Meistens lande ich im Stammhaus", erzählt sie, „man sollte aber eigentlich in jedem Zimmer einmal übernachten!" Ja, lebt man denn so lang?, frage ich. Jetzt sieht mich Jasmin Rogner entsetzt an. Und sie hat ja Recht, klar lebt man so lang. Ich hatte nur kurz die Zahl der Zimmer mit der Zahl der Fenster verwechselt.

Ich frage noch ein bisschen nach dem Meeting, für das sie in die Therme gekommen ist – was die Rogners da so tun. Jasmin Rogner antwortet nicht politisch. Sie erscheint mir von den drei Rogners am direktesten. Vielleicht, weil sie am ungernsten von allen interviewt wird? Ich frage sie, wieso Vater Rogner, der sich offiziell zurückgezogen hat, noch an den Treffen teilnimmt? „Er ist halt immer noch dabei", sagt sie, und jetzt lächelt sie wieder, „es gibt viele Dinge, bei denen seine Meinung Gewicht hat." So sind eben die Eltern, ergänze ich. Sie lächelt. Zum Glück haben wir kein weiteres Getränk konsumiert, ich spare mir jetzt den Aufwand, die Juniorchefin partout auf eines einladen zu müssen.

Nach vier Stunden Rogner gehe ich in das Appartement 9101 im Augenschlitzhaus zurück, das ich bewohne. Kaum habe ich meine Schuhe ausgezogen, ereilt mich ein Anruf der Direktion – ob ich noch einmal nach unten käme? Herr Rogner wolle mich sprechen.

Oho, dachte ich, werden die drei, Rogner senior, Rogner [3] und Jasmin Rogner, dort einträchtig nebeneinander sitzen und sich einer nach dem anderen, wie in einem Theaterstück, im Chor und Solo beklagen, dass ich ihnen alles mögliche aus der Nase gezogen habe, das sie so überhaupt nicht gemeint hatten? Oje!

Mit gemischten Gefühlen betrete ich die Direktion.

Rogner[3] kommt lachend auf mich zu und sagt nur ein Wort: „Geburtskanal!"

Das Bad Blumauer Manifest

Zuerst denkt man: Öha, noch ein Manifest. Und wenn man es zu lesen kriegt, ist man über den Untertitel irritiert: „Wie alles gut wird." Sind da Zyniker am Werk? Nein, die Initiatoren des „Bad Blumauer Manifest zur Sanierung der Wirtschaft" (2009), Robert Rogner[3], Johannes Gutmann (von Sonnentor) und Josef Zotter (von der Schokolade), meinen das ernst. Sie stellen u.a. 10 Gebote für nachhaltiges Wirtschaften auf. Dabei schwören sie dem System der Gewinnmaximierung ab. Es geht auch um Motivierung der Mitarbeiter, wenn sie fordern, dass Gewinne nicht an die Manager ausgezahlt werden und Schulden nicht dem Staat überlassen. Noch interessanter klingt das Manifest dort, wo die Besteuerung von Kapitalgewinnen gefordert wird. Da sprechen die drei über einen freiwilligen Beitrag aller Unternehmen, um einen Ausgleich zwischen Arm und Reich zu schaffen. Erstaunlich! Mehr Infos: **www.badblumauermanifest.com.**

von links: Josef Zotter, Robert Rogner[3], Johannes Gutmann

Die Quellen des Rogner Bad Blumau

Melchior Heilquelle
(Austrittstemperatur 47 Grad)
Sie ist die sanfteste und mildeste der drei Quellen, ist farb- und geruchlos und entspringt in 970 Metern Tiefe. Mit ihrem Wasser werden das Hauptbecken (innen und außen) und die Whirlpools gefüllt, wo es meist 36 Grad hat.

Vulkania Heilquelle
(Austrittstemperatur 110 Grad, Quellentiefe 2.843 Meter)
Die stärkste Solequelle im Steirischen Thermenland ist selbstverständlich die Flagship-Quelle des Rogner Bad Blumau. Sie ist so hoch mineralisiert, dass die Bohrrohre aufgrund dieser Mineralisierung zuwuchsen. Die heißeste Heilquelle Mitteleuropas hilft dem Rogner Bad Blumau bei der autarken Wärme- und Stromgewinnung. Selbst bei einer Außentemperatur von minus 20 Grad reicht die Temperatur der Quelle nach der Stromerzeugung aus, um die gesamte Anlage zu beheizen. 2003 wurde der Vulkania-Heilsee eröffnet. Er wird ständig mit frischem Vulkania-Wasser nachgespeist, ist also frei von chemischen Zusatzstoffen.

Balthasar Quelle
(Quellentiefe 3.045 Meter)
Hier fand die Erstbohrung statt. Aus ihr kommt aber kein frisches Wasser nach oben. Das für Energiegewinnung und Heizung verwendete Wasser der Vulkania Heilquelle wird nach Abgabe der Wärme in die Bohrung der Balthasar injiziert, um den geologischen Kreislauf zu schließen.

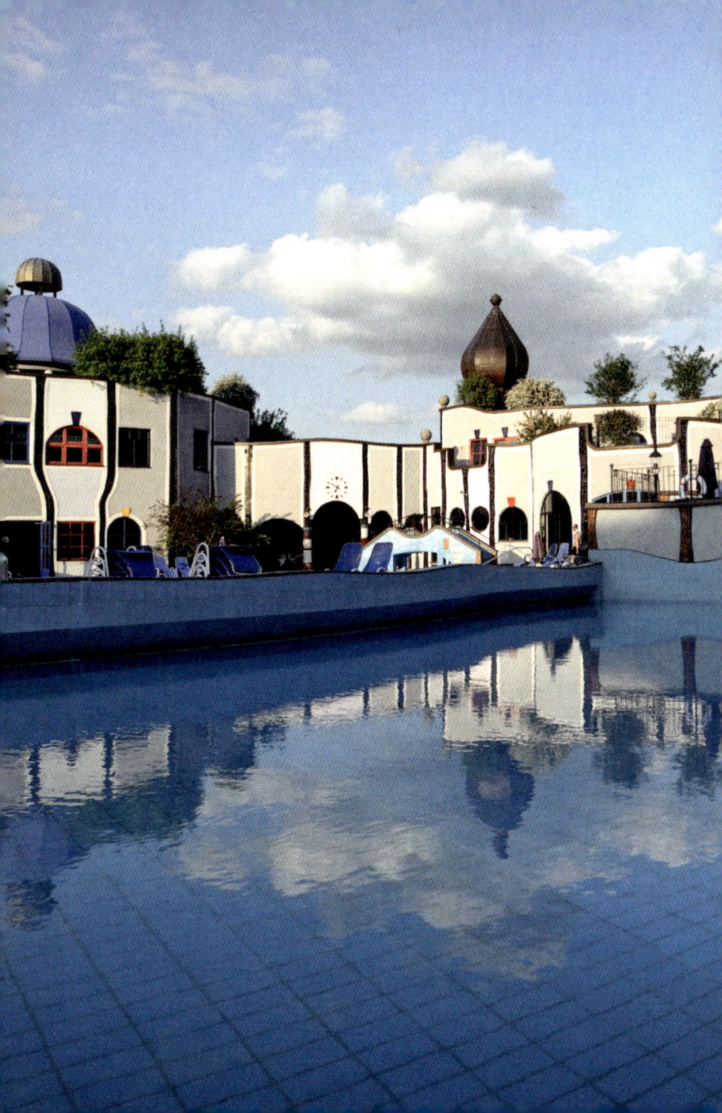

Wie funktioniert das? Geothermie und Erdwärmekraftwerk

Zwischen Feldern und Wald, auf einem kleinen, umzäunten Grundstück, 2,3 Kilometer entfernt vom Rogner Bad Blumau, schießt das mehr als 100 Grad heiße Wasser der Vulkania-Quelle aus einem kochenden Urmeer nach oben. Das hochmineralisierte Wasser mit hohem CO_2-Anteil schießt natürlich nicht in die Luft, sondern wird in ein für Laien deprimierend kompliziertes Rohrwerk geleitet.

Das gasförmige CO_2 entweicht nicht einfach in die Luft. Es wird in der **CO_2-Gewinnungsanlage** vom Wasser getrennt. Über einen äußerst raffinierten Weg, den nur Fachleute nachvollziehen können (Aktivkohle-Filter – Kompressor – Katalysator – Trockner – Puffer – Kompressor – Trockner), kühlt man es letzlich auf minus 35 Grad ab und verflüssigt es. Drei 60 Tonnen fassende CO_2-Tanks ragen in den Himmel. Aus ihnen wird der Prickelstoff in Lastwägen geladen, denn ein Großteil des gewonnenen Kohlendioxids wird verkauft: an die Getränkeindustrie, an Großgärtnereien (Kohlensäure-Düngung) oder Großbäckereien und Obstlagerhallen. „Das natürliche CO_2 ist ein Edelgas", erklärte Rogner senior, „Red Bull darf zum Beispiel in der arabischen Welt nur natürliches CO_2 in den Getränken haben." Über 24.000 Kilogramm CO_2 fallen täglich an. Außen an den eiskalten Rohren, durch die das flüssige CO_2 in die Lagertürme rinnt, bildet sich durch das kondensierende Wasser selbst im Hochsommer eine Schneeschicht.

Ein Teil des Kohlendioxids wird übrigens bei der Badewasseraufbereitung zur pH-Wert-Regulierung verwendet und ersetzt jährlich ca. 27 Tonnen Schwefelsäure.

Was geschieht nun mit dem CO_2-losen Thermalwasser? Es fließt durch eine ungefähr drei Kilometer lange Pipeline, die in der Tiefe von zwei Metern angelegt wurde, zur Anlage. Im Winter tut sich übrigens an den Stellen darüber der Schnee recht schwer. Es strahlt einfach zu stark aus.

Mit dem Wasser wird nun wieder etwas angestellt, was der Laie fast nur für ein Wunder halten kann: **Stromerzeugung.** Es fließt in eine sogenannte „Organic Rankine Cycle"-Anlage und erwärmt dort ein flüssiges Medium namens Pentan. Dieser Stoff mit niedrigem Siedepunkt wird gasförmig, geht in eine Turbine, was nebenbei Strom erzeugt, wird in einem Kühlturm abgekühlt und geht zurück. 1,6 Gigawatt Strom pro Jahr sind das Ergebnis.

„Nur noch" etwa 90 Grad hat das Vulkania-Wasser inzwischen, es fließt jetzt dorthin, wo es gebraucht wird, und zwar in die Energiezentrale. Hier sorgt es für die **Wärmeerzeugung** der Therme. „Die ganze Heizanlage läuft bei uns zum Nulltarif", meinte Rogner Senior, „das ist die wirtschaftliche Grundlage." Wir sprechen über eine natürliche Wärmeverteilung auf dem gesamten Gelände, eine Art Wand- und Fußbodenheizung, die auch die Temperatur des Poolwassers stabil hält. Während andere Thermen mit Öl und Strom oder über eine Hackschnitzelanlage heizen, ist in Blumau die Nachhaltigkeit gegeben. Würde man mit Leichtöl heizen, wäre die ganze Anlage nicht wirtschaftlich zu betreiben.

Nun ist es so weit: Ein Teil des inzwischen etwas abgekühlten Wassers (im Sommer auf 70 Grad, im Winter auf 40 Grad) wird entnommen und fließt in den Vulkania-Badesee. Das Wasser, in dem wir so gemütlich paddeln, ist aber nur ein Zwanzigstel der Gesamtmenge. Weil wir Menschen ja auch nicht immer die Saubersten sind, wird das mit uns in Berührung gekommene Wasser als Nutzwasser verwendet, das heißt, es fließt in die Kanalisation. Die anderen neunzehn Zwanzigstel des hervorgesprudelten Thermalwassers werden auf dem Gelände in die Balthasar-Quelle reinjiziert. Das heißt, sie kommen, ziemlich ausgekühlt, aber in alter Frische, wieder unten im Urmeer an – übrigens im gleichen, aus dem sie entnommen wurden.

„Das ganze ist ein rundes Ding", so Rogner Senior, der über die Entstehung seiner Anlage mit Erstaunen konstatiert: „Man muss schon sagen, es war eine schwere Geburt. Aber aus schweren Geburten werden schöne Kinder!" Heute verzeichnet das Rogner Bad Blumau einen Chemiker- und Geologentourismus. Wissenschaftler aus der ganzen Welt kommen, um sich die drei Kreisläufe anzusehen: CO_2-Gewinnung, Stromerzeugung, Wärmeerzeugung.

Unterwegs im Rogner Bad Blumau

Die Reception ist das Wohnzimmer

Der Eingang des Hotels ist zwischen der Parkgarage und den drei Hundertwasser-Steinen (stehen für die drei Quellen) versteckt und verdeckt, war also bisher nicht leicht zu finden. Jetzt sorgt ein lebendiges Wesen für Klarheit: Der sogenannte „Hofnarr" mit seiner schicken Uniform empfängt Sie am **Dorfplatz.** Er sagt Ihnen, wo Sie parken können und durch welche Tür Sie die Lobby betreten.

Es wäre nicht das Rogner Bad Blumau, wenn die Reception einfach Reception hieße – sie ist das **Wohnzimmer.** Zugegebenermaßen ein ziemlich volles Wohnzimmer, aber gemütlich. Einchecken im klassischen Sinne? Braucht doch keiner. Die Formalitäten sind kurz, aber falls Ihnen langweilig wird – schauen Sie doch in die **Naschkammer!** Ein Raum, gefüllt mit Süßigkeiten, auf die Sie während Ihres Aufenthalts Tag und Nacht zurückgreifen können. Die Naschkammer finden Sie an der Reception, äh, im Wohnzimmer, hinter einer goldenen Tür. Übrigens stehen dort auch Eisbecher, Chips, Nüsse, Salzgebäck, Essiggurkerl. Die Stellagen biegen sich, mit einer Leiter können Sie sich alles selbst holen. Klar, man zahlt für das, was man sich entnimmt, aber die Preise sind human. Ein deutlich besseres System als das Minibar-Schokozeug in anderen Hotels. Man weiß ja nie, wie lange das schon herumliegt, welcher Einjährige es im Mund hatte – und am Ende kostet es schreckliche Preise.

Die Wohnzimmer-Reception kann man auch ohne Naschereien genießen. Man erfreut sich am Lichteinfall aus runden Deckenöffnungen oder am elegant geschwungenen zweiseitigen Tresen. Rechts hinten entdeckt man einen geradezu japanischen Brunnen, links beim Eingang eines der Arbeitsmodelle mitsamt einer kurzen Geschichtstafel über die schicksalhafte Begegnung zwischen Hundertwasser und Rogner. Der eine (Künstler) mit Schirmkappe und dünnen Beinen, der andere (Kommerzialrat) mit weißen Haaren und goldenen Sakkoknöpfen – so schauen sie hoffnungsvoll in die Zukunft. Und wirken wie zwei kleine Buben auf einem Geburtstagsfest.

> **Warum ist die Reception so schwarz?**
> Hundertwassers Lieblingsfarbe war Schwarz. Jetzt mögen einige Besserwisser einwenden, dass Schwarz ja technisch gesehen gar keine Farbe ist. Mag sein – aber nicht ganz zu Unrecht war der Meister der Meinung, dass Schwarz die anderen Farben erst zum Leuchten bringt.

Aber wie geht es jetzt mit Ihnen weiter? Nach der Ankunft werden Ihnen erst einmal die Hände gewaschen. Das ist hier Hausbrauch. Hintergedanke: ein symbolisches Abwaschen des Alltags, um „das Ankommen zu stärken und alle Gedanken wegfließen zu lassen". Zusätzlich erhält man ein Stück wohlriechender Seife, hergestellt aus biologischen Zutaten und Vulkania Heilwasser. Wenn Sie in Ihr Zimmer gebracht worden sind, werden Sie einen traditionellen Willkommensgruß vorfinden: Wasser, Brot und Salz. Eine lokale Tradition besagt, dass man bei Hausbauten beim Einzug Brot und Salz schenkt. Fühlen Sie sich also wie daheim!

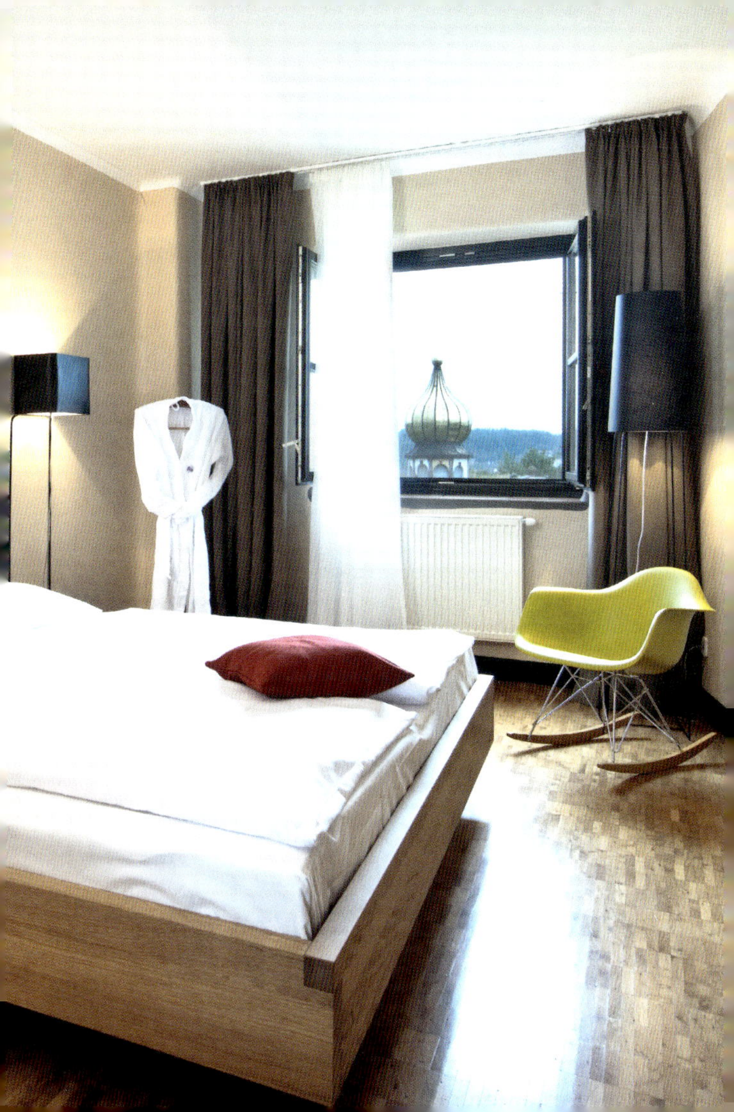

Wer und was begegnet Ihnen hier?

Der Chip mit dem Chiparmband

Ein einfaches Chiparmband aus Stoff ersetzt die gefürchtete Schlüsselkarte. Vorteil: funktioniert, darf nass werden, gilt überdies als Zahlungsmittel. Alle Konsumationen und Behandlungen (außer Boutique) werden direkt auf Ihre Zimmernummer gebucht. Vorsicht, auf dem Armband ist diese nicht vermerkt, lernen Sie sie auswendig, damit Sie nicht (peinlich!) an der Reception nachfragen müssen.

Bei Verlust des Chips: Begeben Sie sich ins Wohnzimmer (Reception). Beim ersten Mal drohen keine drakonischen Strafen.

Der Bademantel

Schauen Sie sich um: Es gibt zwei Arten von Menschen, die Weißen und die Zivilen. Die Weißen haben sich bereits in den Entspannungsmodus begeben. Der Bademantel, den sie tragen, gilt in der gesamten Anlage (außer im Restaurant) als seriöses Kleidungsstück. Wer ihn beim Frühstück anbehalten will, der begibt sich ins ➜ „ObenDrauf". Der Bademantel nivelliert auf angenehme Art und macht etwas mit den Menschen. Ist Ihnen aufgefallen, dass sich die Bademantelpaare meistens berühren?

Tipp: Merken Sie sich den Hänge- oder Liegeplatz Ihres Bademantels, denn die sehen alle ziemlich gleich aus – auch der Button mit Ihrer Zimmernummer hilft beim Wiederfinden.

Die gelbe Wurst

Gehen Sie zu dem hinteren Vulkania-See, wo beim Einstieg in zwei Holzkästen die berühmten gelben Schwimmwürste liegen. Steigen Sie in den See, legen Sie sich auf die Lauer, und hören Sie zu, wie die Thermengäste sie bezeichnen: Spaghetti, Schlange, Schlauch, Wurst, gerader Schwimmreifen, diese Haltegriffe, das lange Ding da, Liste bitte fortsetzen.* Eine Wurst unter dem Nacken, die andere unter die Knie, schon schwebt man im See. Ohren untertauchen! Dann hören Sie die angenehm sonore Thermenmusik (➡ Meister).

An den Beckenrändern sehen Sie Schilder mit Notenschlüsseln – dort ist die Musik am lautesten. (*Die offizielle Bezeichnung ist übrigens Poolnudel.)

Die beiden Modelle

Beim Hoteleingang treffen wir auf ein Arbeitsmodell der Anlage, wie sie von Hundertwasser ursprünglich geplant wurde. Ein deutlich größeres Modell steht an der ➡ Speis (Caféhaus). Hier sind alle Baustufen mitgedacht, also auch das „Schneckenhaus" sichtbar, das bisher nicht verwirklicht wurde, sowie drei weitere Augenschlitzhäuser.

> **Wieso klebt da so komisches Altholz am Tresen der Reception? Woher sind diese alten Schubkarren, Fässer, Rechen, Butterstampfer, Getreidemühlen und Heugabeln?**
> Das ist Holz aus Sonnleitn, einem Tourismus-Projekt Rogners. Es stammt von bis zu 400 Jahre alten Bauernhäusern in Österreich. Der Seniorchef hat das Holz aufbewahrt, 2012 wurde die Reception neu verkleidet, damit es weiterlebt.

Die Kugelklangspiele

An verschiedenen Indoor-Stellen hängen Mobiles, bei denen die Kindsköpfe unter uns ein Anschlagen nicht lassen können (während die Coolen verzwickten Hinterns daran vorbeispazieren). Das produziert vollklangige Gongs, die durch Mark und Bein gehen. Eines Tages löste ich das Rätsel, wieso mein jüngerer Sohn (2) in der Umkleide-Garderobe immer so durchdringende Schreie in schrecklicher Lautstärke ausstieß: Er versuchte, diese Gongs zu imitieren. Gestimmt sind die Klangspiele übrigens auf den Ton b.

Steinkugeln und Goldbäume

Das Ornament, das mir persönlich am besten gefällt, sind die unbemalten Steinkugeln, die an den Rändern der Dächer die Bauten abschließen. Teilweise sind diese unauffälligen Hundertwasser-Bälle von Moosen und Flechten überwachsen. Die Goldbäume (aus Blattgold) sind ihr Pendant im Inneren, das wiederkehrende Motiv an den Wänden.

Die Wassergöttin
Die wasserspeiende Göttin am Tagesgäste-Eingang war ein Geschenk von André Heller als Hommage an seinen Freund Hundertwasser und zu Ehren und zum Schutze der heißen Quellen. Die hauseigenen Gärtner bauten sie nach Hellers Anleitungsskizze aus Erde und Pflanzen (genau 4.820 Stück). Auf aufmerksame Beobachter wirkt die Göttin ein bisschen wie ein Selbstporträt des Künstlers.

Vulkaniazuckerl auf dem Kopfpolster
Die Manufaktur Zotter hat „Zarte Vulkania Karamellbonbons" exklusiv für Blumau hergestellt. Sie sind auch tatsächlich mit Wasser der Vulkania zubereitet. Karamell braucht nämlich Salz. Das Rezept ist geschützt. Der Zotter verrät es nicht. Kaufen kann man sie unten in der ➡ Speis.

Die Verbindungsgänge
Kinder lieben sie, Erwachsene stöhnen gelegentlich über die langen Verbindungsgänge: die schwarzen Gussasphalt-Zungen, die sich über Rohziegelboden erstrecken, und die goldenen, fruchttragenden Bäume an den Wänden. Für Friedensreich Hundertwasser war die Sache klar: Die Zugangswege dürfen lang sein. Er wollte die Leute zur Bewegung inspirieren. „Die Orientierung ist unmöglich", hörte ich gelegentlich von Besuchern. Mag stimmen. Aber wenn man bedenkt, dass der durchschnittliche Tourist laut Untersuchungen in seinem Urlaub 5 IQ-Punkte verliert, so ist das Herumirren im Rogner Bad Blumau eine akzeptable Übung. Übrigens kennt sich der durchschnittliche Gast nach 3 Tagen recht gut aus, so der Erfahrungswert. Oje, da reist er ja schon ab!

Die Thermenoma

Josefa Groß, eine Dame in ihren frühen Achtzigern, lebt alleine in Bad Blumau. Seit der Eröffnung hilft sie auf dem Gelände und im Garten mit. Mitarbeiter und Gäste lieben die „Thermenoma", mit der man auch Dorfwanderungen samt Museumsbesuch (Dorfmuseum „Heilwurz & Zauberkraut – Begegnungen mit Kräutern") unternehmen kann. Ihre Popularität ist derart hoch, dass Ansichtskarten aus der ganzen Welt für sie eintrudeln, adressiert an „Thermenoma/Bad Blumau/Österreich". Die kommen an.

Hausführung

Jeden Mittwoch und Samstag um 13 Uhr gibt es eine Hausführung, jeden Donnerstag um 13 Uhr eine Technikführung – kostenlos für die Hotelgäste, Treffpunkt an der Reception. Die Führungen dauern eine gute Stunde. Sie sind zu kurz, um alles kennenzulernen.

> **Wieso ist das Hotel so schlecht beschildert?**
> „Wir hatten die tollsten Schilderexperten der Welt hier, wir experimentierten mit Leitsystemen", erzählt Rogner[3], „aber die Leute haben sich weiterhin verlaufen." Und ehrlich, auch das 5-fache an Beschilderung nützt wenig, weil das Auge durch die Vielseitigkeit so abgelenkt ist. Es ist einfach ein vertracktes Haus.

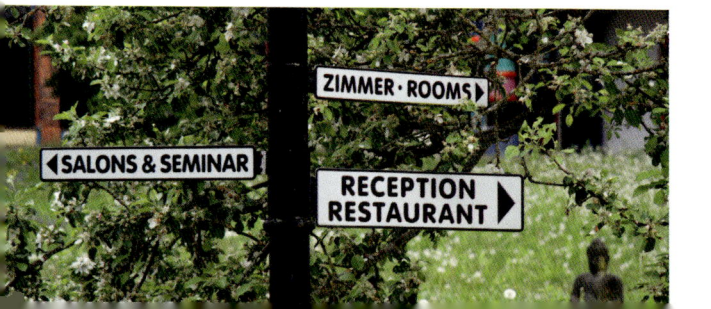

Babette-Eier, Bio-Schweine und Shropshire-Schafe

Symbiotische Tierhaltung

Hundertwasser sah vor seinem geistigen Auge Schafe über die Dächer des Hügelwiesenlandes laufen – die Vision wurde Realität. Die thermeneigenen Schafe leben im Sommer, beginnend beim Ziegelhaus, in eingezäunten Bereichen auf den Dächern – wenn sie das Gras unten aufgefressen haben. Wie sieht biologische, artgerechte Tierhaltung heutzutage aus? Mobile Stallungen wandern über die Wiese, Schweine, Schafe, Hühner leben in Gemeinschaft. Die Schweine fressen alles unterhalb der Grasnarbe (Wurzeln, Knollen), die Schafe alles oberhalb (Gras, Grünzeug), die Hühner essen Samen und Mücken, wenn sie nicht auf Schafen und Schweinen sitzen und ihnen die Insekten runterpicken. Resultat: wenige Fliegen.

Franz Wagner, der lokale Biobauer, ein ruhiger Typ mit einem guten Gespür für die Natur, betreut die Tiere. Der Mann wohnt im Ort, betreibt dort eine Landwirtschaft. Im Rogner Bad Blumau gibt es für ihn eine Menge zu tun. Jemand muss ja die Hühnereier abnehmen. Es handelt sich übrigens um jene berühmte Rasse, die grüne Eier legt – Babette-Eier. Sehen Sie sich das am Frühstücksbuffet an. Keine Angst, innen sind sie normal. Die hauseigenen Bio-Schweine werden, nachdem sie einen Sommer lang hier gelebt haben, unter anderem zu Bratwurst verarbeitet. Sagen Sie es aber nicht den Schweinen, das „Bad Blumauer Bio-Weideschwein" ist nämlich glücklich. Die Bio-Schafe von der robusten Rasse der Shropshire haben schwarze Gesichter, sind sonst ganz weiß, und sie fressen keine Bäume und Sträucher.

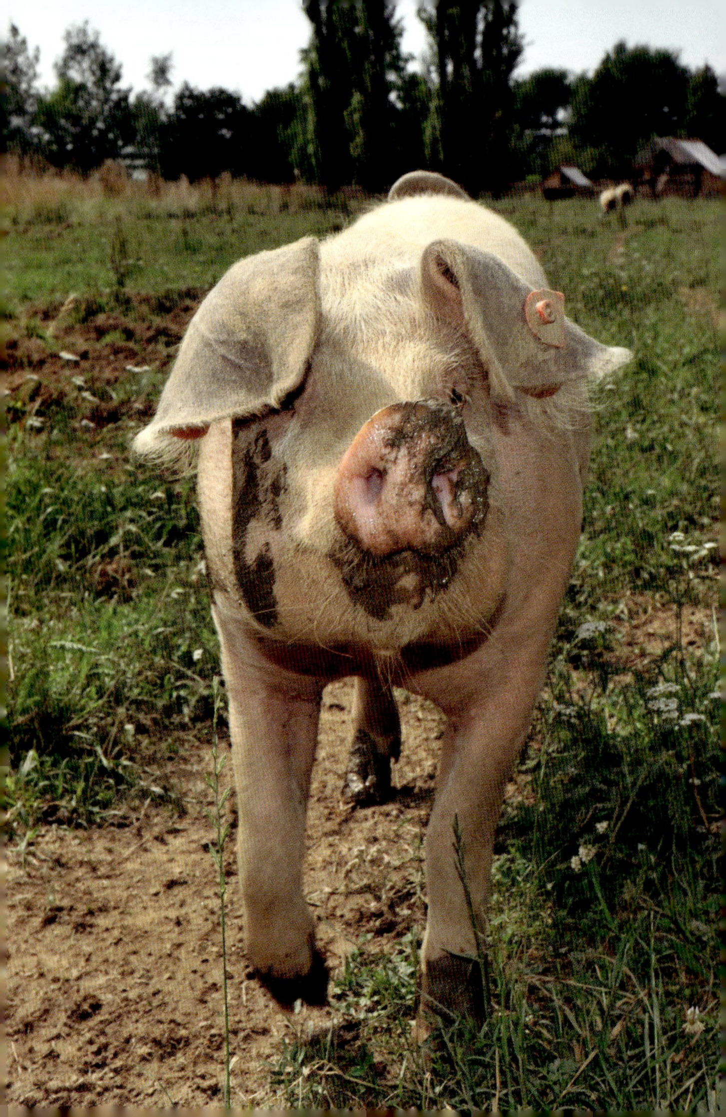

Warum stinkt es manchmal so?
Leute aus der Stadt wissen das nicht so genau – im Frühling und Herbst führt der österreichische Bauer ein paar Ladungen Gülle auf seine Felder. Vor allem, bevor er eine Regenperiode wittert. Bitte keine Beschwerden über den Geruch. Wir befinden uns am Land.

Das Fohlen-Gehege
Direkt neben den Augenschlitzhäusern wird Ihnen hinter dem biologischen Weingarten ein Gehege auffallen. Dieses wird von Mai bis Oktober an die Pferde vom ➡ Reitstall vergeben. Die unebene Wiese ist ideal für Fohlen, die durch das Hinauf- und Hinunterlaufen kräftige Fesseln kriegen.

Die Igelzäune
Igel haben es in unserer Welt schwer. Im Rogner Bad Blumau wurden deshalb extra einige Igelzäune angelegt – ganze Abschnitte, wo sich die Igel zum Überwintern sammeln. Innerhalb des Geländes gilt übrigens die Maximalgeschwindigkeit von 10 km/h („Igeltempo").

Vollsonnenauszugsöle
Gemeinsam mit der Ölmühle Fandler (die für die ausgezeichneten Salatöle am Buffet sorgt) entsteht ein Ölgarten: Hanf, Mohn, Sonnenblumen, Kürbis, Sesam, Leinen, Walnüsse, Disteln, Raps.

Die Ringelblumen vom Feld werden händisch von den Masseuren geerntet und getrocknet. Die Ernte kommt nun in einen Glasballon. Den ganzen Sommer über stehen diese Ballons am Dorfplatz (bei der Einfahrt) und reifen durch die Sonnenstrahlen. Im Herbst holen die Masseure ihre Ölballone ein, füllen sie ab in kleine Fläschchen, und so hat jeder Masseur ein eigenes Massageöl, sozusagen angereichert mit der Energie der Sonne.

> **Wieso ist der Acker im Eingangsbereich mit einem Schild „Acker" beschriftet?**
> Das Schild ist nicht dafür da, um sich über Sie lustig zu machen. Es gibt aber Stadtmenschen, die an der Reception fragen, wieso da dieser dreckige, sumpfige Tümpel vor sich hinblubbert. Ob man da nicht aufräumen könne? Auf dem Acker wachsen übrigens je nach Jahreszeit Sonnenblumen, Ringelblumen, Salat, Gemüse, Radieschen, Kürbis, Damaszenerrosen oder Rüben.

Salziges Wasser und Liebesblumen: Die Thermenwelt

Thermengeographie

Von beiden Eingängen (Tagesgäste, Spa-Eingang) gelangt man zur Badelandschaft und zum Saunen- und Massagebereich. Im Sommer vergrößert sich das Gebiet ungemein, die schönste Grünfläche befindet sich auf dem Dach. Erreichbar ist dieser großflächige Geheimtipp über die Stiege im mittleren Turm. Es gibt oben einige versteckte Örtchen.

> **Darf ich die Kuschelliegen im Thermenbereich benützen?**
> Klar, und zwar dann, wenn sie nicht reserviert sind. Die weichen Riesenmatratzen unter den weißen Baldachinen können gemietet bzw. reserviert werden, meist nehmen Familien oder Paare das VIP-Service in Anspruch. Oft sind alle Liegen leer, wirken aber reserviert. Bademeister fragen!

Das Vulkania-Umfeld   (24)

Im Winter wärmt der See der Vulkania mit 36 Grad, im Sommer teilt ihn eine Trennwand (vorderer Teil um die 32/ hinterer Teil um die 25 Grad). Der kühlere Abschnitt ist zur Hälfte mit Süßwasser gemixt. Dahinter erhebt sich der „Strombolino", ein nachgebildeter Vulkan. Da vom umsichtigen Rogner gebaut, herrscht wohl wenig Ausbruchsgefahr. Eine Leiter will zum Erklettern des Berges verführen, doch es gibt auch ein Verbotsschild. Rundherum erstrecken sich 30.000 Quadratmeter Naturgarten, der „Garten der 4 Elemente": Hügel, Sitz- und Liegesteine, Hängematten unter Zitterpappeln – und natürlich Holzliegen, Schaukeln, Kuschelliegen. Registrieren Sie bitte den Indoor-Liegebereich

(Ruhezone) und das gemütliche Lounge-Restaurant mit einem Hauch arabisches Beisl im Hintergrund (➡ Vulkania-Bistro „KleinUndFein") ebenso wie die ➡ Cocktail-Bar.

> **„20 Minuten maximale Badezeit" – was passiert, wenn man länger im heißen Wasser bleibt?**
> Ein Krokodil löst sich vom Grunde des Beckens – nein, aber zu langes Baden ist äußerst unangenehm. Ich weiß das aus eigener Erfahrung. Vor einigen Jahren besuchte ich eines der berühmten Budapester Heilbäder. Die Ungarn spielen in den Thermalbädern Schach. Ich war so fasziniert, dass ich eine 90-minütige Partie als Kiebitz besichtigte. Erst dann ging ich aus dem Wasser. Nach einigen Stunden begann der Kopfschmerz meines Lebens. Wie es den ungarischen Schachspielern geht, wenn sie stundenlang dort sitzen? Keine Ahnung.

Innen- und Außenbecken der Melchiorquelle **19 22**

Unter dem Halbrund eines Glasdachs, gehalten von dutzenden türkisbunten Säulen, breitet sich das Herz der Therme aus – die Badelandschaft, von der Melchiorquelle gespeist, hat durchgehend 36 Grad. Sprudelnde Löcher, Miniwasserfälle, Fontänen. Jetzt müssen Sie sich nur noch durch diesen unbequemen Plastikvorhang durchkämpfen, der wie die Stirnfransen eines Riesen ins Wasser hängt. Thermenwasser unter blauem Himmel, unter Wolken oder bei Schneeregen – jedesmal ein neues Gefühl. In der kalten Jahreszeit steht Nebel über dem Wasser. Bei Dunkelheit wird es romantisch. Brennende Holzscheite lodern in Eiseneimern rings um das Becken. Was für ein Duft!

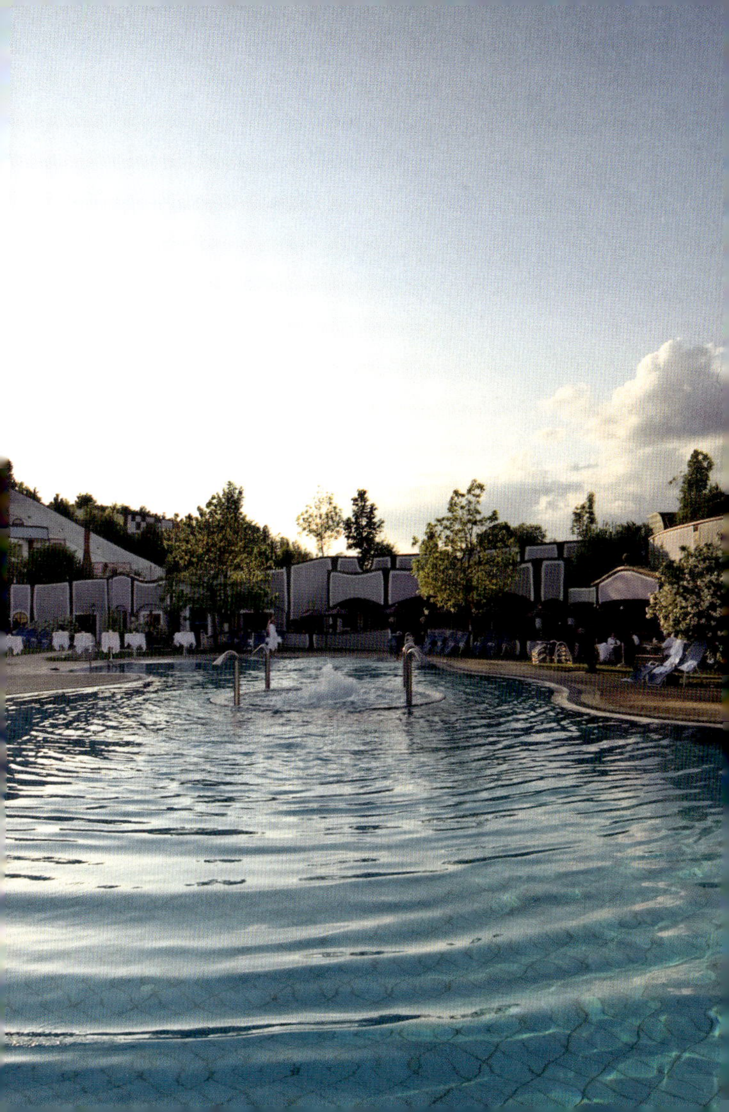

Das Wellenbad

Die kleine Herausforderung im Patio bei 26-30 Grad: Anständige Wellen branden zu jeder (vollen) halben Stunde, Beckentiefe 1,85 m. Jene Pärchen, die sich gerade noch aneinander geklammert haben, werden hier durch die Kraft des Seegangs getrennt. Der Bademeister hat ein Auge auf Wasserschluckende. Im Notfall springt er, wie ich fest glaube, über sein Geländer und taucht uns heraus.

Süßwasserbecken für Kinder

Teilt sich in den Babyteil (20 Zentimeter Tiefe) und den Kleinkinderteil (70 Zentimeter), beides 33 Grad. Trotzdem Vorsicht, denn man könnte in den bequemen orangefarbenen Liegestühlen einnicken – Kinder zumindest mit Schwimmflügerl sichern!

> **Warum ist keine Liege frei? Warum stellen sie nicht einfach mehr Liegen hin?**
> An beliebten Stellen passiert das hier und da. Das Rogner Bad Blumau bittet die Gäste dezidiert, frühmorgens keine Liegen vorzureservieren. Es ist leider unmöglich, unendlich viele Liegen hinzustellen. Insgesamt stehen ausreichend Liegen zur Verfügung.

Kaltwasser-Becken (Süßwasserbecken)

Mit 22-24 Grad das kühlste Becken der ganzen Therme. Liegt versteckt und wird daher weniger frequentiert.

Der Raum der Stille

Zuerst denkt man, dass alle in vornehmen Zen-Ritualen versunken sind, aber wenn man genauer hinsieht, liest der eine oder andere eine österreichische Tageszeitung. Es empfiehlt sich nicht, mit Kindern und Handys hineinzugehen. Die Gäste halten die Ruhe heilig.

Die FKK-Wiese/Sonneninsel

Was der Wiener am meisten nach dem Heurigen liebt, ist bekanntlich die Freikörperkultur. Und es kommen halt auch einige ganz echte Wiener. Bitte keine Kleidung! FKKler werden immer etwas unrund, wenn Bekleidete sie anstarren.

Weil sich dort Menschen mit Sonnenhunger treffen – Stichwort „nahtlose Bräune" - gibt es auch keine Sonnenschirme.

Die Liebesblumeninsel
Diesen hübschen Kleingarten-Sauna-Ausgang kann man buchen, zum Beispiel für einen Abend für zwei Personen. Wird abgesperrt und dekoriert mit Kerzen, Flasche Wein, Picknickdecke. Auf der Liebesblumeninsel können Sie aber auch altes Wissen über den Symbolwert von Blumen und Kräutern zu Themen wie Liebe, Eifersucht und Hochzeit erfahren. Da stehen auf Schildern so eine Art „Weisheiten" für die, denen es Spaß macht. „Ich habe Kümmel und Dill, mein Mann muss tun, was ich will." Naja.

Der Thermenpark
Dieser 13 Hektar große Park, ideal zum Joggen, verbindet die Therme mit dem Ortskern. Schöner Spaziergang zwischen Mostäpfelbäumen, Mostbirnbäumen, Weinspalieren, Wildstauden. Auf dem Weg steht der auffällige Weidenbau, eine Laube, die der deutsche Künstler Marcel Kalberer (*1960) gemeinsam mit Jugendlichen aus der Region errichtete. Außerdem passieren Sie ein grünes Häuschen – hier schießt die ➡ Melchior-Quelle aus dem Boden. Der Thermenpark ist bis 1 Uhr morgens beleuchtet.

> **Warum darf ich meinen Hund nicht mitnehmen?**
> Bis 2004 waren Hunde erlaubt. Gäste haben diese Hunde aber gerne im Zimmer eingesperrt. Die bellten natürlich den ganzen Tag. Oder Gäste ließen die Hunde im Freien ohne Leine herumlaufen – hier laufen aber Kinder und Hasen herum. Es ist auch ein hygienisches Thema. Manche Gäste ließen Hunde auf dem Sofa schlafen. Der Rest ist Geschichte.

Das Rätsel der Steintürmchen

Den Rand des Vulkania-Sees bildet ein Gürtel aus kleinen Steinen. Daraus bauen die Menschen Türmchen. Man hört Kommentare wie: „I hob den siebten draufgebn, dann iss umgfoin!" Jeden Abend werden die Türmchen von den Mitarbeitern planiert. Am nächsten Tag bauen jedoch die nächsten Gäste neue Türmchen! Es scheint in der Natur unserer Spezies zu liegen, Türme zu bauen. Die Reaktion der Direktion: Brautpaare erhalten ab sofort die Gelegenheit, im Garten nicht nur Bäume zu pflanzen (es gibt schon genügend), sondern einen größeren Stein auf den anderen zu setzen und so eigene Türme zu bauen – und die Steine auch zu beschriften. Werfen Sie also die Steintürmchen nicht um, es sind Bauten, auf denen andere ihre Beziehung errichtet haben.

Wellness, Spa und Outdoor-Unterhaltung

Spa-Reception

Zugang für die Hotelgäste und Abend-Tagesgäste ab 17 Uhr, Verbindung zwischen Hotel und Therme. Buchung der Spa-Features. Austausch nasser Handtücher. Hier gibt es eine große Bücherauswahl, einen Spa-Shop, und Artikel, die man vergessen haben könnte (Badekleidung etc.).

Bereich „Gesundheit und Schönheit" und Saunalandschaft

35 Mitarbeiterinnen und Mitarbeiter sind zuständig für Schönheit und Pflege. Sie verwenden die hochwertigen Natur-Kosmetika von Farfalla (u.a. die „vulkania wasser" Körperlotion) und Noreia. Auch ➡ Yoga- und ➡ Zen-Stunden stehen auf dem Programm, dazu Meditationen und Spezialaufgüsse

mit Frucht- und Blütenessenzen, Kräutern, Honig, Eis oder Birkenzweigen ("prickelnder Genuss"), duftende Räucherungen, frische Früchte, spezielle Saunaaufgüsse. Auf dem Saunengebiet gibt es eine Finnische Sauna, eine Felsensauna, ein Bio-Sanarium mit Helarium, ein Kräuter-Sanarium, ein Römisches Schwitzbad, ein Türkisches Dampfbad, eine Infrarotkabine, einen Aromaraum, eine Alpha Sphere, einen Totes-Meer-Klimaraum bzw. eine Salzgrotte, diverse Rituale, und für danach das Kaltwasserbecken im Freibereich mit Sprudelbecken, Jacuzzi und der Sonneninsel.

> **Warum ist der Ruhebereich in der Sauna so klein?**
> Um Ihr Leben zu retten. Die Sauna ist nicht zum Ruhen da, wegen der erhöhten Temperaturen soll man dort nicht einschlafen. Ruheplätze befinden sich in ausreichender Anzahl im Thermenbereich.

Rituale allgemein

Dem einen oder anderen mag es merkwürdig erscheinen, wenn derart hartnäckig von "Ritualen" die Rede ist. Doch jeder hat so seine Rituale: Ich persönlich zähle zum Beispiel die Äpfel – oder sind es Birnen? – der goldenen Bäume an den Wänden der Verbindungsgänge. Die Rituale im Rogner Bad Blumau haben ein Ziel: Kraft und Halt zu geben, Entspannung und Ruhe zu bringen. Das beginnt schon mit dem rituellen Händewaschen bei der Ankunft. Der Gong in der Innentherme (vier Mal täglich zur Räucherung) läutet wiederum ein thermeneigenes Ritual ein: Der Bademeister holt aus einem Holzschrein das Räucherwerk, entzündet es und geht damit die Anlage ab. Es ist keine Beduftung, sondern eine Reinigung. Die fernöstliche Philosophie besagt, dass mit der Entzündung des Räucherwerks „die negativen Gedanken verbrannt" werden.

Zeit zu Zweit

Die Gäste kennen alles, es gibt im Spa-Bereich nicht mehr sehr viel Spielraum. Im Rogner Bad Blumau stehen alle Standards zur Verfügung. Beim Angebot „Buchen Sie Zeit" sucht man sich nicht vorgefertigte Behandlungen bei simply Mr. Irgendwer aus, sondern eine individuelle Anwendung bei einem Spa-Mitarbeiter oder Masseur eigener Wahl. Am Spa-Eingang liegen Setkarten auf, aus denen Sie sich jene Person wählen können, die Sie dann 30, 60 oder 90 Minuten behandeln wird. Gemeinsam wird dann entschieden, was möglich und erwünscht ist. Zweitens hat man ein internes Highlight entwickelt, die ➡ Rogner Bad Blumau Waschung. Für Gäste, die sich tiefer in die Philosophie des Entspannens zurückziehen wollen, gibt es „Zeit zu Zweit – Das Ritual". Dabei wohnen Sie in einem ➡ Waldhofhaus und legen zur Begrüßung gleich einmal Ihr Gewand ab. Dieses kommt in eine Schachtel, wird plombiert und auf Ihr Zimmer geschickt. T-Shirt, Hose, Sweatshirt, Bademantel und Nachthemd von HessNatur stehen natürlich zur Verfügung – zunächst durchleben Sie aber Wassergüsse, eine Einschaumung und eine Körperölung. Ein Koch versorgt Sie mit einfachen vegetarischen Biogerichten in der Kochwerkstatt. Auch Mitkochen ist erlaubt.

Die Rogner Bad Blumau Waschung

Die Flagship-Behandlung der Therme wurde vor Ort konzipiert und ist ein wohltuend einfaches, regionales Waschritual. Zunächst erhält der Gast ein lustiges One-Way-Tangahöschen (bei Männern mit einem Vorderschutz, der auch Pferdeglieder bedecken würde). Nun folgen Wassergüsse, ein wohltuende Bürstenmassage, eine Einschaumung und eine erfrischend kühle Kokosöl-Anwendung. Danach wird wieder gewaschen, so dass der Gast kein störendes Öl auf der Haut aus dem Anwendungsraum mitnimmt, sondern nur das weiche, flauschige Gefühl, das den ganzen Tag nachwirkt. Sauber ist man jetzt auch.

Soweit die Waschung selbst. Das Vor- und Nachprogramm, dem ich selbst mich nicht unterzog, weil mir an diesem Tag eine Partnerin fehlte: Das Paar beginnt mit 20 Minuten gemeinsamem Vorbad, wird zur Waschung getrennt. Anschließend gibt es ein gemeinsames Nachliegen und Ruhen mit Tee und hausgemachten Kokosbusserln.

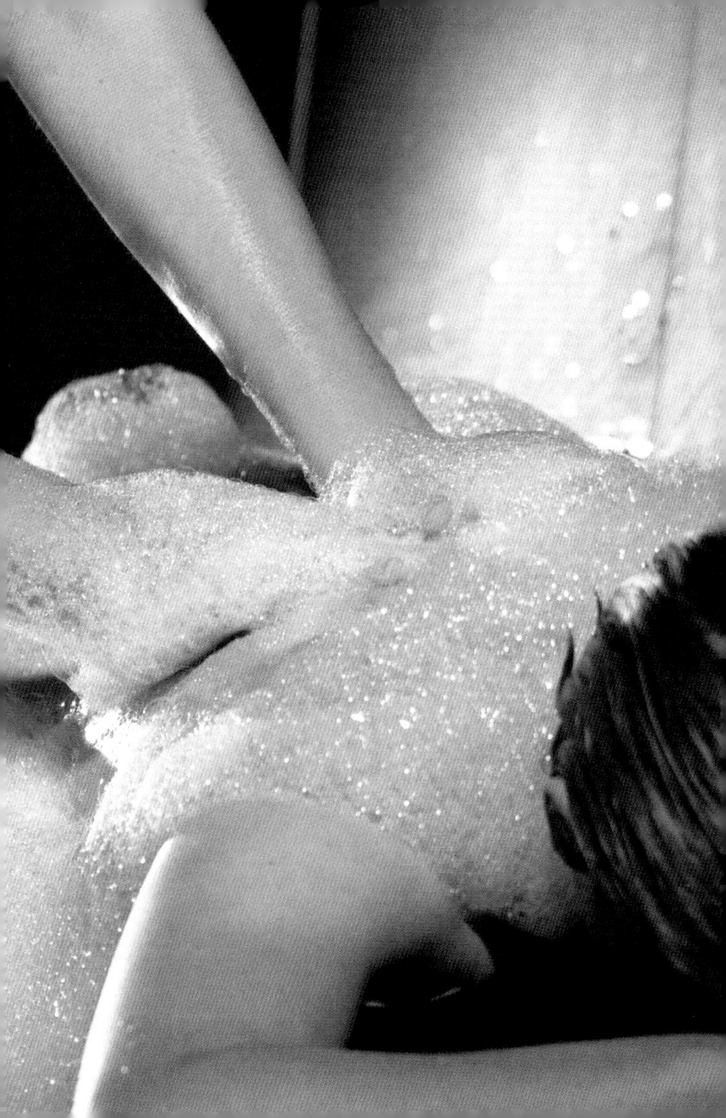

Warum gibt es keine extra Body-Lotion im Zimmer?
Eine ausführliche Gästebefragung ergab, dass die Leute das gar nicht wollen. Der Großteil reist mit den eigenen Produkten an. Im Umkleidebereich der Thermen (bei den Föns) steht Vulkania-Bodylotion zur Verfügung.

Zen-Stunden mit der Direktorin 29

Eine alte Zen-Weisheit besagt: „Jeder Tag ist ein guter Tag." Unter diesem Motto beginnt ein Arbeitstag mit der Direktorin Melanie Franke. Sie hat nämlich einen Bachelor in Zen und sitzt regelmäßig in der Zendo des Hauses, allein, mit Mitarbeitern, Gästen oder Partnern des Hauses. Viel gesprochen wird dabei nicht – nein, es fällt gar kein Wort. Nicht einmal die Nase darf man sich kratzen. Man will bei diesen Achtsamkeitsübungen in Kraft und Stille das Wesentliche erkennen und bewusst sich selbst und das Umfeld wahrnehmen. Zu speziellen Anlässen erweitert Frau Franke die Zen-Einheiten mit einer traditionellen Tee-Zeremonie und schenkt, wie man so schön sagt, den Menschen „reinen" Tee ein.

Yoga mit Meister Anand 33

Yoga, Ayurverda und klassische indische Astrologie, das alles wird in den Monaten Mai bis Oktober vom jungen Meister Anand (➡ Meister) betrieben, der auch die Oberaufsicht über sämtliche Räucherwerke inne hat. Er war es, der die Bademeister unterwiesen hat, damit sie im halben Jahr seiner Abwesenheit formgerechte Räucherungen durchführen können. Mit Anfängern und Fortgeschrittenen praktiziert er vorwiegend Hatha-Yoga und Laya-Yoga (seltener Raja und Bhakti), dazu kommt Ayurveda. Und was hält er vom österreichischen Meister Hundertwasser? Er findet durchaus

Zusammenhänge mit Yoga. „Gesundheit, Ruhe, Harmonie – I really respect this concept of Blumau".

Der geomantische Pfad

Das Rogner Bad Blumau steht durch die vulkanisch-thermale Tätigkeit im Untergrund auf einem sensiblen Gelände. Beim geomantischen Pfad handelt es sich um eine Reihe von Lithopunktursteinen, die vom slowenischen „Erdheiler" Marko Pogačnik an den von ihm angegebenen Kraftpunkten in die Erde gesetzt wurden. Die Lithopunktur ist eine analog zur Akupunktur von Pogačnik entwickelte Methode zur „Heilung von Landschaften". Die Steine stehen an 23 besonderen Orten, vom „vitalenergetischen Zentrum" über den „Ausatmungsplatz" und dem „Fokus der Heilungskräfte" bis zum „Männlichen Zentrum" und „Weiblichen Zentrum". Die Geomantie ist eine esoterische Lehre, um die „energetischen, geistigen und seelischen Qualitäten" eines Ortes mit Hilfe von Gefühlen und Geräten wie der Wünschelrute zu erfassen, eine Art Feng Shui für die Landschaft. Der Körper der Erde wird dabei als Lebewesen verstanden. Nichts an der Geomantie konnte wissenschaftlich nachgewiesen werden. Da es sich jedoch für jene, die damit etwas anfangen können, um ein belangreiches Thema handelt, schickt es sich für Normalos und Unüberzeugbare nicht, darüber zu witzeln. Das Abschreiten des geomantischen Pfads (ein Bücherl mit Landkarte gibt es an der Reception) ist für alle ein seriöser Spaziergang.

Keltischer Baumkreis

Unsere Vorfahren, die Kelten, haben den Bäumen unterschiedliche Eigenschaften zugeordnet. Das meiste Wissen aus dieser Zeit ging verloren, aber manches können wir nachvollziehen. Zuerst einmal kann man hier seinen Geburtstagsbaum finden – und dazu ein paar Eigenschaften, die auf einen zutreffen. Und natürlich lernt man auch eine Menge über die Bäume, von Ahorn bis Zypresse.

Der Weg zum wilden Früchtchen

Klingt von der Bezeichnung her ein bisschen infantil. Aber hier lernt man alles über Früchte, die bei uns gedeihen – nicht nur Frucht- und Obstgewächse, sondern auch Wildfrüchte, die von den Tieren bevorzugt werden, von der Felsenbirne über die Vogelbeere zur Kornellkirsche. Kosten ist erlaubt und erwünscht, nichts ist giftig! Nur schmeckt eben nicht alles hervorragend.

Die Lebensbundbäume

„Wer schläft denn da?", fragte mein 4-jähriger Junge, als wir an den Rosensträucher-Lebensbundbäumen vorbeikamen. Im Winter sind sie gut eingepackt. Die Lebensbund-Birken nahe der Augenschlitzhäuser müssen den Winter ohne Verpackung durchstehen. Viele wurden im letzten Jahrzehnt gepflanzt, einige stehen erschreckend nahe aneinander. Man hofft inständig, dass sich „Sabrinas Spatzenbaum" dereinst nicht mit „Mausi" oder „Arbor Müllerensis" ins Gehege kommen. Manchmal hält die Natur mit der Hoffnung nicht Schritt. Das Bäumchen „Tigerkröte" macht sich noch halbwegs, wogegen „Wachs wie unsere Liebe" total dünn geblieben ist, und „Weltfriede" ganz jämmerlich aussieht.

Die Meister

Neben Rogner und Hundertwasser wurde im Lauf der Jahre eine beachtenswerte Reihe von Meistern wie Thermalwasser an die Oberfläche des Rogner Bad Blumau gespült – Menschen, die dank ihres Geschicks, ihrer Phantasie und ihrer schöpferischen Kraft den Ort prägen. Da ist der Komponist **Sascha Selke** (*1967). Er schuf den Klang der Therme – sein Musikkonzept „Harmonices Terrae" verwendet geographische Messdaten des Orts, um sie in Musik umzurechnen: Der Ort komponiert sich sozusagen selbst. **Irene Rhyner** (*1962) und **Dr. Hans H. Rhyner** (*1951) sind Experten in Sachen Ayurveda und haben die Masseure des Rogner Bad Blumau nach „Ayurveda Rhyner" ausgebildet, bieten Spezialwochen an und beraten die Köche bei ayurvedischen Gerichten. Der Malerin und Objektkünstlerin **Monika Gilsing** (*1942), verdanken wir die Glücksraben (z.B. am Eingangstor), die Feuervögel und die zwölf Windbilder in der Einfahrt. Ähnlich tibetischen Gebetsfahnen sollen sie die Gäste in Empfang nehmen, aber auch die Botschaft von Blumau mit dem Wind in die Welt tragen. **Erika C. Pichler** war viele Jahre in Deutschland Hebamme und Lehrerin für Pflegeberufe. Sie ist aber auch jene Frau, die aus 15 Alpenblumen aus dem Großglocknergebiet die Noreia-Essenzen entwickelt hat. Die bekannte österreichische Schriftstellerin **Rosa Pock** (*1949), Trägerin des Italo-Svevo-Preises, ist die Hausautorin. Ihre Texte, durchgehend in Kleinschreibung, sind von wüster, scharfzüngiger Originalität. Sie war fast dreißig Jahre mit H.C. Artmann verheiratet. Die Therme hatte 2006 einen Literaturpreis zum Thema „Kugelrot" (einer der Vornamen Hundertwassers) ausgeschrieben, den Pock mit einem Kriminalroman unter 600 Einsendungen gewann. **Acharya Umakant Semalty** oder **Anand** (*1979), Nachkomme von Ratgebern und Astrologen der Könige von Tehri am Fuße des Himalaya, wurde schon früh in der Hindu-Astronomie/Astrologie Jyotish unterrichtet und lernte seine Kunst von traditionellen Meistern. Meister Anand bietet neben Handlesen und Horoskop-Erstellung auch Yoga, Yoga Nidra, Sonnengruß, Sonnen Mudra und andere Rituale an. Das alles zwischen Mai und Oktober, das restliche Jahr betreibt er ein Yogazentrum in Goa. **Marko Pogačnik** (*1944), arbeitete ursprünglich als Konzeptkünstler (Land Art), seit 1979 beschäftigt er sich mit „Geomantie" und Erdheilung. Im Rogner Bad Blumau befindet sich ein Pfad, an dem jene, die sich dafür begeistern, energetisch wertvolle Orte vermuten bzw. zu spüren scheinen.

Was bedeutet dieses rostige Metallherz beim Receptionseingang?

Die Mitarbeiter hatten auch ihren Spaß. Sie haben Metallabfälle gesammelt und zusammengeschweißt – das nette Herz wird am Abend mit Kerzen beleuchtet. In einem künstlerischen Umfeld wird jeder zum Künstler.

Kulinarik

Zwei Lokalbesuche täglich

Zuerst eine persönliche Anmerkung: Ich esse sehr viel in Buffets und in Hotels. Das Rogner Bad Blumau übertrifft auf diesem Gebiet alles, was ich kenne. Ich messe neuerdings jedes Buffet an Blumau.

Sie können Ihre Mahlzeiten (ein Frühstück, eine Hauptmahlzeit in der Halbpension) zu sich nehmen, wann und wo Sie wollen – zwei flexible individuelle Lokalbesuche täglich. Das heißt, Sie frühstücken zwischen 7 und 21.30 Uhr. Und irgendwann dazwischen essen Sie zu Mittag oder zu Abend. Sagen Sie bei der Bestellung im jeweiligen Restaurant dazu, welche Ihrer Mahlzeiten Sie dort konsumieren möchten, damit die Speisen nicht extra aufgebucht werden.

Frühstück

Das Frühstücksbuffet ist vermutlich das beste der Welt. Ausgezeichnetes Brot, gute Ei- und Speckwaren, Käse und Obst, Kuchen und Croissants, eine komplette Müsliwelt, Marmelade und Honig in vielfältigsten Sorten und sogar ein ayurvedischer Haferbrei. Zur Orientierung: Der Tee-Samowar befindet sich an der Ess-Theke, während der Kaffee von Kellnerinnen und Kellnern gebracht wird. Karottensaft finden Sie auch. Er erfreut sich hier riesiger Beliebtheit – fast wie Tomatensaft im Flugzeug. Für die Morgenalkoholiker (oder nennt man sie Genießer?) steht auch Sekt bereit.

Hinweis Kaffee: Der Filterkaffee kommt in silbernen Kannen, aber Sie können natürlich einen echten Capucchino oder eine Melange bestellen!

Hinweis Tee: Wer Teebeutel vermeiden möchte, kann sich einen echten Tee zwischen Schwarzer Darjeeling, Wildkirsch, Grüner Jasmin und Lavendel-Pfefferminztee zusammenstellen. Wäre fast ein Teeparadies – aber ein solcher Samowar gibt leider auch im Idealfall kein kochendes Wasser von sich.

> **Warum darf ich das Frühstücksbuffet nicht mit heimnehmen?**
> „Haben Sie Alufolie?" Eine Minderheit von Gästen richteten sich am Buffet ganze Rucksäcke belegte Brote her. Sie wurden beim Verlassen des Restaurants darauf hingewiesen, dass Ihnen die Angestellten für einen minimalen Aufpreis Lunchpakete mit Ingredienzien nach Wunsch zusammenstellen.

Hauptmahlzeiten

In den Restaurants ist den ganzen Tag was los. Auf der Terrasse oder im Lokal werden Bratwürste, Koteletts, Fische, Gemüse und Käse gegrillt. Am Abend holen Sie die Hauptspeise direkt aus der Küche. Achten Sie auf das Schau-Kühlhaus mit frischem Fleisch. Und auf den sichtbaren Käsereiferaum. Dazu die Pastaküche: Ein hausgemachter Nudelteig wird mit einer Nudelmaschine täglich produziert, getrocknet, die Nudeln findet man auch in der ➡ Speis. Nicht zu vergessen die Brotbackstation, wo in Bioqualität gebacken wird. Eine Besonderheit des Buffets: keine Ananas, keine Melonen, keine Bananen, gar keine Südfrüchte (lange Transportwege). Manches Überregionale wird jedoch benötigt. Pfeffer, Ingwer und andere Gewürze werden in Bio-Qualität bezogen. Der Kaffee ist von Jacobs, biologisch und fair gehandelt. Die Lieblingssuppe von Hundertwasser war übrigens Brennnesselsuppe. Gibt's nur im Frühling. Wäre ja eigentlich nicht so der Renner – aber aus posthumen Respekt essen das hier viele.

light

> **Warum kann ich im Restaurant nicht jeden Tag den gleichen Tisch reservieren?**
> Eine leichte Übung der Logik. Wenn alle gleichzeitig zum Essen kämen, würde man ein Restaurant von doppelter bis dreifacher Größe benötigen. Dann hätte auch jeder seinen reservierten Sitz. Nun gibt es ziemlich lange Öffnungszeiten. Reservierte jeder seinen Tisch, würden manche Gäste keinen Tisch bekommen, obwohl viele Tische leer stünden.

Die Lebensmittel: 100 % Region

Alles, was wir daheim nicht immer haben – Fleisch aus artgerechter Tierhaltung, Zutaten von regionalen und biologischen Lebensmitteln – kommt in den Lokalen von Rogner Bad Blumau auf den Teller. Damit das System klappt, das man mit dem Begriff „100 % Region" gut fassen könnte, hat sich die Therme 32 interessante Kooperationspartner ausgesucht, Zulieferer im Umkreis von 100 Kilometern, mit garantierten Abnahmemengen der frischen Produkte.

Das beste Beispiel dafür ist der unermüdliche Herr Fuchs, der Honigproduzent. Er bringt aus seiner Imkerei 1,8 Tonnen Frühstückshonig pro Jahr in die Anlage. Nämlich ein Töpfchen nach dem anderen. Sind viele Wege, oder? Im Sommer 2013 hat er auch Imkerstöcke geplant, vielleicht erspart er sich dadurch einige Fahrten ...

Die Zulieferer werden von der Unternehmensphilosophie nicht als Lieferanten, sondern in erster Linie als Partner gesehen. Diese enge Beziehung besteht nicht nur zu jenen, die Lebensmittel liefern, auch zu Herstellern aller Produktsparten, vom Spa-Bereich über die Reinigung bis hin zur Wäsche. Gegenseitige Unterstützung und Austausch von Know How wird großgeschrieben, die Mitarbeiter fahren selbst zu den Betrieben und lernen dort die Produkte kennen.

Von wem kommen nun die Rohstoffe? Brot liefert die **Biobäckerei Mild** aus Riegersdorf, eine knappe Viertelstunde entfernt. Pro Jahr liefern sie ca. 140.000 Semmeln, verschiedene Brotlaibe mit 14,7 Tonnen und 457.000 Stück Kleingebäck, davon 45.000 Croissants. Außergewöhnlichstes Brot: das grüne Maisbrot.

> **Kann ich am Abreisetag eine bestimmte Menge des wahnsinnig guten Brotes mit heimnehmen?**
> Ja! Es gibt ein Vorbestellungsformular in der ➡ Speis. Sinnvoll ist eine Bestellung spätestens am Vortag der Abreise. Kleine Mengen sind auch in der Speis täglich verfügbar.

Aus Grafendorf bei Hartberg liefert der **Biohof Fink,** ein Pionier des biologischen Landbaus, jährlich mehr als 28,2 Tonnen Bio-Gemüse, davon fast 19 Tonnen Karotten, die in den beliebten Saft verwandelt werden. Keine Ahnung, wer das alles wo presst, diese Saftpresse möchte ich sehen! In Bierbaum steht der **Dachriegelhof Fritz Rauer:** Von hier kommen 1,3 Tonnen Tomaten und 1,1 Tonnen Zucchini, Paprika und Gurken. Das Kernöl bringt **Günter Gablerits,** 1.190 Liter Kürbiskernöl und eine halbe Tonne Kürbiskerne. Rund um Riegersburg befinden sich die Obstgärten der **Essigmanufaktur und Schnapsbrennerei Gölles.** Der Fisch wird bezogen von der Teichwirtschaft **Günter-Fisch** aus Eltendorf (Bezirk Jennersdorf): jährlich 4.500 Kilo Süßwasserfische wie Karpfen, Hecht, Wels Amur, Saibling und Forelle. Alle von ihnen hatten, bevor sie auf Ihren Teller kamen, ausreichend Lebensraum. Den Steirerspargel aus Bad Blumau bringt **Familie Brugner,** seit zwei Jahrzehnten im Spargelbusiness tätig: 0,8 Tonnen Grün- und Weißspargel pro Jahr. Die **Toni´s Freilandeier Handels GmbH,** ein Knittelfelder Unternehmen, hat 300 Partner, die Eier nach strengen Qualitätskriterien liefern. Im Jahr kommen 255.000 dieser Bio-Eier in die Therme. Das Premium-Produkt sind die grünen Babette-Eier einer alten südamerikanischen Hühnerrasse. Keine Angst – innen sind sie nicht grün, sondern normal, nur der Dotter ist etwas größer. Manchmal kommt auch der „Junghahn" auf die Speisekarte –

was ja bekanntlich eine Spezialität von Toni´s ist. Das Fleisch bringt das **Styria Beef Gut Thier,** ein Biobetrieb in Friedberg bei Hartberg, die Nahrung der Tiere kommt ausschließlich aus eigenem Anbau. 7.500 Kilo Rindfleisch beglücken jährlich die Therme. Karl Thier verzichtet in seinem Betrieb auf Chemie und Spritzmittel. Bei ihm stehen 50 Mutterkühe, 56 Kälber und ein Zuchtstier, die ausschließlich mit Futter aus Eigenanbau ernährt werden. Die Kälber bleiben bis zur Schlachtung bei den Muttertieren im Familienverband. 40 Tonnen Äpfel kommen von **Familie Lang** und **Familie Zotter.** Eiscreme vom **Bio-Eisbauern Eis-Hackl,** der für das Rogner Bad Blumau ein biologisches Speiseeis ohne Farb- und Aromastoffe in sensationellen Sorten herstellt. Wenn Kirschen reif sind, gibt es super Kirscheneis, wenn die Marillen reif sind, steht Marilleneis da. Michael Hackl ist besonders stolz auf sein Apfeleis, das je nach Apfelsorte im Gechmack variiert. Die überregional populäre Schokolademanufaktur **Zotter,** Spezialistin für Fair-Trade- und Bioschokolade, liefert alles Süße – von der Bohne bis zur Schokolade kommt hier alles aus einer Hand. Dazu kommen die eingangs erwähnten 1,8 Tonnen Honig pro Jahr von der **Familie Fuchs.** Der gesamte Tee stammt von **Sonnentor** und hat Bio-Qualität. Letzterer liefert auch zum Teil Kräuter und Gewürze. Tee- und Kräuterbauern aus der Region beliefern wiederum den Sonnentor mit Spezialitäten. Die Bioöle in enorm vielen Sorten kommen von der **Ölmühle Ulrike Fandler** aus Pöllau. Das Haselnussöl ist außergewöhnlich, das Mohnöl passt wunderbar zu Eis. Je länger man recherchiert, desto mehr Partner tauchen übrigens auf. Kurzum, das Rogner

Bad Blumau ist ein bedeutender Wirtschaftsfaktor der Oststeiermark. Die Jahresmenge erreicht einen Gesamtwert von fast 1,4 Millionen Euro, in 15 Jahren flossen über 20 Millionen Euro an die lokalen Zulieferer.

Über die Lebensmittelabfälle

Gehören Sie zu jener Minderheit, die sich am Buffet den Teller füllt und am Ende die Hälfte stehen lässt? Sie haben Glück – Abmahnungen gibt es keine. Für Zurückgegangenes existiert ein hauseigener Komposthaufen. Den Schweinen kann der Biomüll wegen des Salzes und des Pfeffers ja nicht verfüttert werden.

Weißbrot wird zurückgenommen und in Würfel geschnitten. Alle Brotreste kommen zu den Pferden (➡ Reitstall). Dem durchschnittlichen Pferd macht es ja nichts, wenn der Gast ein Stück Brot schon angegriffen hat. Was geschieht mit den Bio-Abfällen der Küche? Aus den Schalen und Resten wird ein Gemüsefond gemacht. Der Rest geht wieder in den Kompost.

Die Speis – das Caféhaus mit Shop

Hier schlägt das Herz des Bads. Alle Produkte, die Sie in der Anlage erleben können – von Hundertwasserartikeln über die Vulkania-Bodylotion, Rogner-Trinkflaschen, Frotteewäsche, Räucherstäbchen, sämtliche Kosmetik- und Pflegeprodukte – stehen hier zum Verkauf. Oder wollen Sie einfach nur Kaffee, Schinken, Käse, Joghurt, Brot, verkosten? Auch finden Sie die grünen Babette-Eier, die Butter, das saisonal geprägte Gemüsekistel – zum Mitnehmen.

Außerdem betreibt die Speis ein wunderschönes Caféhaus mit Zeitungen, Magazinen und einem Büchertisch. Es gibt acht Sorten Heiße Schokolade (Zotter) und viele Kleinigkeiten. Vom Balkon aus hat man den perfekten Blick auf die Fontänen im Teich. Wer irgendwann einmal genug vom Wasser hat, für den ist das Caféhaus mit Sicherheit der gemütlichste Ort in der Anlage.

> **Früher konnte man hier so großartig rauchen. Wollen Sie mich fertigmachen?**
> Rauchen ist abgeschafft, aber nicht ganz. Draußen hat das Hotel für Süchtige gemütliche Raucherplätze vorbereitet, im Thermenbereich auch regenüberdachte Orte.

Ziele in der Umgebung

Wo sind wir – und was gibt es hier?

Recken Sie Ihren Hals aus dem Bademantel! In der Ferne sehen Sie einen Kirchturm. Er steht in Blumau und gehört zur barocken Pfarrkirche St. Sebastian, erbaut 1702/03. Eine sympathische Kirche, es liegen Kinderbücher in den Holzreihen, damit auch die ganz Kleinen während des Gottesdienst eine Beschäftigung haben. Bad Blumau (ca. 1.800 Einwohner) liegt auf einer Seehöhe von 284 Metern in der Oststeiermark, nicht weit von Hartberg (ca. 6.540 Einwohner), am Safenbach, der wiederum in die Lafnitz mündet. Das Dörfchen wirkt hübsch (2001 Europäischer Dorferneuerungspreis) und etwas leer. Es gibt viele Gästezimmer und Kleinhotels, das Museum (→ Thermenoma), den Friseur, das Tourismusbüro und die Raiffeisenbank samt Bankomat. Die Post hat den Fehler gemacht, die lokale Niederlassung zu schließen, Postpartner ist jetzt der „Nah und Frisch" an der Bundesstraße. Weiter oben die Kirche St. Sebastian und ein Friedhof. Der Dorfwirt mit seinen acht Tischen zur (ruhigen) Straße hin spielt zwar größtenteils auf Nachhaltigkeit, doch auf der Karte stehen auch recht uneinheimische Riesengarnelen. Nette Bedienung. Supermarktsituation: In Bad Blumau finden wir das kleine Kaufhaus Melchart (Vorsicht, 12.30-14.30 Mittagspause) und einen „Nah und Frisch" an der Bundesstraße. Kulturhaus-Café mit Bücherei in Bad Waltersdorf. Toller Park mit Springbrunnen davor. Nette Eisdiele, dazu niederschmetternde Tiefkühlbaguettes und Toast. In weiteren 10 Kilometern Autobahndistanz befindet sich Hartberg, schöne Stadt, hässlicher Einkaufszentrums-Gürtel. Tankstellensituation: Selbstbedienungstankstelle direkt in Bad Blumau neben dem Kaufhaus; eine M3energy an der Bundesstraße (Richtung Fürstenfeld, beim Fußballplatz); in Richtung Autobahn steht eine OMV knapp außerhalb von Bad Waltersdorf.

Warum donnert es so?

An Hochzeitstagen pflegen die Oststeirer zu böllern. Diese Böllerschüsse finden in aller Herrgottsfrühe statt – die schießen einen quasi aus den Betten heraus. Regelmäßig gibt es Beschwerden der Thermengäste, leider ohne Erfolgschancen: Das Donnern ist einfach ein guter, alter österreichischer Brauch.

Tausendjährige Eiche
Ort: Bei Bierbaum; Autozufahrt; gute Raddistanz
Größte Sehenswürdigkeit der Region. Gilt, zumindest in unseren Breiten, als „der älteste Baum Europas". Wurde einst, um ihn zu retten, innen mit Beton ausgegossen, woran er fast einging. Nach einer Baumsanierung und Entfernung des Betons hat der im Volksmund „dicke Eiche" genannte Baum laut Experten gute Hoffnung auf weitere hundert Jahre.

Waldgrotte Maria Brunn
Ort: Am Waldrand in Speilbrunn
In der Region finden wir eine Menge Jesusfiguren, Marterl und ähnliches. Eine der interessantesten ist die 1936 erbaute und 1972 renovierte Marienstatue in der sogenannten Waldgrotte. „Ich bin die unbefleckte Empfängnis" steht auf ihrer Einfassung, was unter anderem auch den spirituellen Weg vom Haben zum Sein exemplarisch illustriert.

Ballonfahrt
Abfahrtsort: Bei der Statue der Wassergöttin/Parkplatz
Mit dem Ballon eine gute Stunde über die Südoststeiermark fahren, dabei gibt es eine Ballonfahrertaufe, bei der einem mit dem Feuerzeug ein Haar weggebrannt wird. Die Haarsträhne kommt auf eine Urkunde und wird mit Wachs und Stempel versiegelt. Man verpflichtet sich, dass man in Zukunft Ballonfahrer, die aus irgendeinem Zufall in der Nähe landen, mit Getränken versorgt.

Reithof Thermenland
Die ➡ Fohlen des Reithofs kommen im Frühling auf das Gelände des Rogner Bad Blumau. Der Reithof bietet Reit-

stunden auf Schulpferden an oder Touren zu Ross in das Steirische Reitwegenetz „Hufeisentour".

Thermenschenke Steiner
Ort: In Lindegg
In vier Kilometer Entfernung (guter Spazierweg durch Wald und Wiese) findet man eine familienfreundliche Buschenschank. In Vollmondnächten: Musik und Vollmondjause. Öffnungszeiten checken, je später die Woche, desto offener!

Rad- und Wanderwege
Ort: Rund um Bad Blumau
Besorgen Sie sich die Karte im Wohnzimmer (Reception), ehe Sie sich ein Fahrrad ausleihen! Neben der Laufrunde (gelb beschildert, 6,2 Kilometer mit Steigungen), gibt es den Thermenrundweg, den Speilbrunnerweg, den Safentalweg, den Lindeggerweg, den Steinbachgrabenweg und die Fantastische Tour – alles Rundtouren mit guter Beschilderung. Im Rogner Bad Blumau kann man sich auch ein Tandem ausleihen – um die Beziehung auf Balance auszutesten.

Fassade Steinhaus

Serviceteil

Hundertwassers Gebäude

Das Hotel ist angelegt wie eine kleine Stadt. Die Wohnbereiche (durch ein Farbleitsystem leicht zu unterscheiden) sind kreisförmig um die Thermal- und Badelandschaft angeordnet.

GELB – Das Stammhaus

Ähnelt den Phantasieschlössern in Zeichentrickfilmen. In diesem turmförmigen, 5-stöckigen Haus mit der Goldkuppel befindet sich die Reception (Wohnzimmer), die Verwaltung, ein Besprechungssalon namens „SprichDichAus" und die Gästebetreuung.

ROT – Das Ziegelhaus

Heißt so, weil die Fassade großteils mit Ziegeln verfertigt wurde – Dachziegeln von alten Bauernhäusern und Stadeln aus Blumau! Das Ziegelhaus liegt am nächsten zu den Thermen. Das Dach ist begehbar, wenn auch manchmal in Teilen gesperrt, weil junge Pflanzen wachsen.

BLAU – Das Kunsthaus

Diese Fassade ähnelt jener des Kunsthauses in Wien, in der sich auf 1.600 m² die weltweit einzige permanente Ausstellung von Hundertwasser befindet. Das Konzept auch hier: Weitgehend identische Fenstermaße, die unsymmetrisch angeordnet wirken. Begehbares Dach, oben eine blaue Turmzinne mit weitem Blick über das Gelände.

VIOLETT – Das Steinhaus des Rogner Bad Blumau

Gibt es erst seit 2000/2001. Heißt so wegen der Steine an seiner Außenfassade. Diese Wohneinheiten haben Eigentümer, von denen manche sie privat nützen, andere sie über das Hotel vermieten und über ein Eigennutzrecht von einigen Wochen pro Jahr verfügen. Wegen akuter Absturzgefahr hat es das einzige Dach, das man nicht überschreiten darf bzw. auch nicht kann (Zaun).

GRÜN – Die Waldhofhäuser **6**

Ein Ort im Ort für Leute, die sich zurückziehen wollen. Die Waldhofhäuser sind nichts anderes als raffiniert gebaute Wohnungen in Löchern mit kleinen Waldhöfen. In diesen japanisch anmutenden Appartements gibt es kein TV, dafür einen Meditationsplatz. Werden vor allem innerhalb des Vollpension-Arrangements „Zeit zu zweit" gebucht. Eine Ritualmeisterin kocht vegetarische Kost und bietet Behandlungen und Rituale an. „Alles ist Sein", steht auf den Wänden. Mir würde besser „Alles hat Zeit" gefallen.

GRÜN – Die Augenschlitzhäuser **7**

Diese Häuser liegen wie gestreifte Fladenbrote in der Erde. Oder eben wie Augenschlitze – meinte Hundertwasser. Wirken wie bunte Bunker-Prototypen; begehbare Dächer.

NOCH KEINE FARBE – Das Schneckenhaus

Das Schneckenhaus existiert in der derzeitigen Ausbaustufe nur auf dem Papier. Schade! Man kann Lage und Form am großen Modell bei der ➡ Speis betrachten.

Der Campus mit den Werkstätten **35**

„Robert Rogner[3] verspürte das Bedürfnis, allen Menschen, die mit dem Rogner Bad Blumau in Verbindung stehen, etwas zurückzugeben", erzählt die Direktorin Melanie Franke. „Was ist heutzutage das Wertvollste? Zeit und noch einmal Zeit." In den besucherärmeren Monaten Mai bis Juli können Künstler oder Partner in den Augenschlitzhäusern wohnen, in den Werkstätten (Kochwerkstatt, Nähwerkstatt, Arbeitswerkstatt) arbeiten und reflektieren. Es sind fühlbar produktive Orte. Hier in der Werkstatt l hat Hundertwasser die Pläne für die Anlage gezeichnet. Und fast jeder Künstler, der hier war, hinterließ den Gastgebern etwas Besonderes (➡ Meister).

Das Seminarzentrum

Die sechs Tagungsräumlichkeiten, teilweise nach den kuriosen Hundertwasser-Vornamen benannt, können für Produktpräsentationen oder Kundenveranstaltungen gebucht werden. Die Therme bewirbt diese kleine Einkunftsquelle übrigens nicht, die passenden Kunden ergeben sich von selbst. Hier wird ja mehr ein Ruhehotel als ein Seminarhotel betrieben.

Kochwerkstatt

Bars, Restaurants, Cafés

Restaurants „LebensFroh" und „RundHerum"

Hier ist den ganzen Tag etwas los – und die gute Nachricht, Sie dürfen zweimal täglich kommen! Im „LebensFroh" kann man sich alles selbst von den Buffetstationen holen und sogar in die Küche hinein gehen. Im „RundHerum" bekommt man ein hervorragendes Menü serviert – schöne Alternative zum Buffet.

Thermenrestaurants „RegenTag" und „ObenDrauf"

Bademantel ist Pflicht. Direkter Zugang zum Patio, viele Tische im Freien. Im „ObenDrauf" findet bis 12 Uhr das Langschläferfrühstück statt. Ist der beste Frühstücksort – den kennen nur wenige. Auch hier nur Bademäntel.

À-la-Carte-Restaurant „GenussReich"

Das thermeneigene Gourmetrestaurant mit einer Gault Millau Haube ist exklusiv auf Anfrage buchbar (etwa für private Feiern). Großartige, kleine Karte, Küchenchef Johann Schuster setzt in erster Linie auf die Frische der Zutaten und verzichtet auf den üblichen Hauben-Schnickschnack.

Vulkania-Bistro „KleinUndFein"

Gemütlich-schummriger Raum mit niedriger Decke und Kerzenlicht. Wirkt wie auf einem arabischen Souq, mit dem Unterschied, dass die Gäste Bademäntel tragen. Milchgetränke, Fladenbrote, vegane Mehlspeisen, ayurvedische Gerichte, steirische Tapas.

Vulkania Bistro „KleinUndFein"

Hotelbar „KlimBim" 🟠14

Gemütliches, halbkreisförmiges Kaminlokal. Im Sommer mit Poolterrasse. Regionale Cocktails mit lustigen Namen. Ausgezeichnetes Weinsortiment. Hochgradige Enthundertwasserung wegen dutzender Stiche aus dem 19. Jahrhundert. Hängen teilweise drollig herum, weil die Wände ja rund bzw. schief sind. Live-Musik drei Mal pro Woche. Unbedingt sehenswert ist die nette Band „Tom's Crew", geführt von Tom Rohm. Sie spielen Coverversionen von dem, was ihnen selbst gefällt, keine elenden Superhits, sondern ernsthafte. An speziellen Tagen spielt der unvergleichliche Tom Rohm auch solo.

Dazu eine kleine Hundertwasserbibliothek: „Die Exemplare sind Unikate und können vor Ort im Kaminzimmer leihweise geliehen werden", steht auf einem Schildchen.

Aha. Die Natur eines Buchs besteht doch darin, kein Unikat zu sein! Also leihen Sie sich bitte eines leihweise aus.

Weinbar vor dem Restaurant „Lebensfroh"
Der große Holztisch und die Stühle wurden aus dem alten Holz des Rogner-Bauprojektes in Sonnleiten in der hauseigenen Tischlerei hergestellt. Hier kann man wunderbar Weintrinken. Das alte Holz erzählt viele Geschichten aus der Vergangenheit – und das nicht erst nach dem dritten Viertel.

Sauna-Bar „KühlDichAb"
Ein Ort zum Durstlöschen und Abdampfen nach der Sauna. Verströmt ein bisschen den Flair einer Kegelbahn in Wieselburg – eine Art bunter Beislbar mit Bademantelcharme. Die Leute gehen meist erhobenen Hauptes vorbei, zur Sauna. Außer natürlich, sie werden vom Bierbrunnen magisch angezogen. Besonders nette Bedienung, vermutlich, weil die ja weiß, dass ihr Lokal nicht der Ultrarenner ist.

Vulkania Cocktailbar
Direkt aus dem Becken vor dem Vulkania-See kann man an warmen Tagen die Drinks aus der Cocktailbar bestellen. Unter einem Strohpavillon werden Caipirinha, Mojito, aber auch Zitronenlimonade gemixt. Sehr professionell, sehr cool.

Picknick im Freien
Übrigens: Falls Sie einmal nicht in den Restaurants essen möchten, so gibt es als Ersatzprogramm (12 Stunden Bestellung im Voraus) einen Picknickkorb an der Reception.

Fakten

Kinderpolitik
Obwohl das Rogner Bad Blumau seinen Schwerpunkt auf Paare legt, sind Kinder willkommen. Kleine Kinder sind ja überhaupt fasziniert von den Hundertwassermugeln in den Verbindungsgängen – und können sich an den goldenen Bäumen kaum sattsehen. Der Kindergarten mit dem paradoxen Namen „FreuDichDrauf" (Kinder freuen sich ja kaum, wenn sie abgegeben werden, erst im Rückblick finden sie es super) hat Montag bis Samstag 8-17 Uhr geöffnet (in der Ferienzeit auf Wunsch auch länger), Sonntag auf Anfrage.

Polsterpolitik
Der durchschnittliche Polster (für die deutschen Gäste: Kopfkissen) hat 70 x 90 Zentimeter und ist ca. 10 Zentimeter hoch. Das Hotel betreibt jedoch ein individuelles Polsterservice. Das Angebot reicht von kleinen, dünnen Polstern mit Gänsefedern bis zu großen, dicken, schweren, die mit Biomais gefüllt sind, auch für Allergiker.

> **Die Matratze ist zu hart! Zu weich!**
> Verschiedene Zimmer haben verschiedene Matratzen. Normalerweise ist eine mittelharte Standardmatratze drin. Doch es gibt Matratzen für jeden bisher bekannten Typus Mensch.

Literaturpolitik
Die Wiener Buchhandlung Buchkontor (www.buchkontor.at) organisiert die Belieferung mit Sachbüchern und Literatur. Buchhändlerin Ulla Harms stellt dazu eine Auswahl von Büchern zusammen, die auf einem Folder zu sehen sind.

Man muss übrigens seine Bücher nicht über den Multi Amazon bestellen und dadurch den Buchhandel ruinieren. Buchkontor besorgt Ihnen über die Website jedes lieferbare Buch und schickt es versandkostenfrei an Ihre Adresse innerhalb Österreichs. Natürlich können Sie Buchbestellungen auch schon während Ihres Aufenthalts aufgeben. Die Bücher kommen innerhalb von zwei bis drei Tagen zu Ihnen.

Politik der Zusatzwünsche

Vom XXL-Bademantel über die Kopfpolster (➡ Polsterpolitik) bis zur Matratzenstärke werden Sonderwünsche erfüllt. Außerdem können auch Wunschzimmer, Zimmer mit Morgensonne oder Zimmer mit großem Bad bestellt werden. Spezielle Tageszeitung erwünscht? **FAZ, Bild** und **SZ** sind möglich, aber auch **Corriere de la Sera** oder **Le Figaro**.

Interne Unternehmenspolitik

Fragt man die Verantwortlichen im Hotel, nach welchen Vorgaben sie ihren Betrieb führen, stößt man rasch auf das EFQM-Modell, eine Methode der objektivierten Management-Qualitätsprüfung. Weiters besteht eine Partnerschaft mit der BHA (Best Health Austria). In externen Audits lässt sich das Rogner Bad Blumau jährlich auf die Qualität hin überprüfen. Seit 1997 ist das Unternehmen Träger des „Österreichischen Umweltzeichens", dessen Logo von Friedensreich Hundertwasser entworfen wurde. Die über 300 Mitarbeiter sollen nach den Werten „Ehrlich, Bewusst und mit Freude" leben, im Mittelpunkt aller Handlungsfelder soll der Mensch stehen.

Urlaubs- und Gutscheinschneiderei
Wer sein Lieblingszimmer oder spezielle Wünsche für den nächsten Aufenthalt buchen will, geht zum individuellen Berater ins thermeneigene Reisebüro („Urlaubscoach"). Hier erhält man auch individuell abgestimmte Gutscheine.

Frequent Thermenbucher „my rogner"
Eine Art Vielfliegerprogramm, ohne dass Sie in Turbulenzen geraten. Es heißt „my rogner" und richtet sich an Stammkunden. Bei jeder Übernachtung im Rogner Bad Blumau oder im Rogner Hotel Europapark Tirana sammeln Sie, basierend auf dem Gesamtumsatz, Bonus-Punkte zum Einlösen beim nächsten Besuch.

Infos zum Chiparmband
Bitte beachten Sie: Nach jeder Konsumation erhalten Sie einen Rechnungsbeleg zum Gegenzeichnen, mit Ihrer Unterschrift bestätigen Sie die Konsumation, Ihre Zimmernummer und Ihren Namen. Bitte daher um genaue Durchsicht des Belegs.

Wichtige Information für den Abreisetag
Ihr Zimmer steht Ihnen am Abreisetag bis 11 Uhr zur Verfügung. Danach ist das Öffnen der Zimmertür mit dem Chiparmband nicht mehr möglich. Die Thermal-, Bade-, und Saunalandschaft steht Ihnen noch bis 23 Uhr zur Verfügung. Ihre Zimmerrechnung bezahlen Sie vor Abreise im Wohnzimmer (Reception), wo Sie auch Ihr Chiparmband abgeben.

Als Alternative bietet sich das „Quick–Check-out"-Service mit Bezahlung per Kreditkarte im Voraus an. Sie erhalten vorab eine Informationsrechnung und ein Formular für die Zustimmung der Abbuchung von Ihrer Kreditkarte. Alle Konsumationen, die nach Erhalt der Rechnung getätigt werden, werden zusätzlich von der Kreditkarte abgebucht. Das „Quick-Check-out"-Kuvert geben Sie vor Abreise im Wohnzimmer mit Ihrem Chiparmband ab.

Wenn Sie das Zimmer am Abreisetag noch bis in die Abendstunden nutzen möchten, so fragen Sie im Wohnzimmer nach dem „Day Use"-Service, welches nach Verfügbarkeit und mit Aufpreis angeboten wird.

Register

100 % Region	72	Restaurants	86 ff.
Bad Blumau	78	Rituale	60
Bad Blumauer Manifest	35	Rogner Bad Blumau Waschung	62
Balthasar-Quelle	36, 40	Saunalandschaft	59
Baumpflicht	24	Seifenrecht	24
Check-Out	92	Sonneninsel	57
Chiparmband	44, 92	Spa Reception	59
Day Use	92	Speis, Caféhaus & Shop	76
Fensterrecht	24	Symbiotische Tierhaltung	49
Fohlen	51, 80	„Thermenoma"	48
Frühstück	15, 44, 49, 69	Thermenpark	58
Garten der 4 Elemente	53	Thermenwelt	53 ff.
Geomantie, geomantische Pfad	65	Urlaubs- und Gutschein-schneiderei	91
Geothermie	38	Vulkania-Heilquelle	36
Hauptmahlzeit	70	Vulkaniazuckerl	47
Häuser	83	Waldhofhaus	84
Hausführung	48	Weg zum wilden Früchtchen	66
Hundertwasser, Friedensreich	20	Werkstätten	84
Hügelwiesenland	24	Yoga	64
Keltischer Baumkreis	66	Zeit zu Zweit	61
Lebensbundbäume	66	Zen-Stunden	64
Liebesblumeninsel	58	Ziele in der Umgebung	78 ff.
Literatur	89		
Meister	67		
Melchior-Quelle	36		
my rogner	91		
Naschkammer	41		
„ObenDrauf"	86		
Raum der Stille	57		
Reitstall	76		
Reception/Wohnzimmer	41		

farfalla

Farfalla ist *der* Schweizer Bio-Kosmetik-Pionier

- Seit 30 Jahren ist für uns *Bio logisch*
- Wir setzen konsequent auf naturreine Rohstoffe aus Bio-Anbau und Wildsammlung
- Nachhaltigkeit und ein partnerschaftliches Miteinander sind für uns selbstverständlich
- Wir unterstützen und beteiligen uns weltweit an Projekten für eine nachhaltige und soziale Poduktion unserer Rohstoffe

Das Ergebnis dieser Arbeit sind zertifizierte Produkte bester Qualität, die mit viel Liebe zum Detail und größter Sorgfalt hergestellt werden.

Ätherische Öle · Raumbeduftung · Hydrolate · Biokosmetik

Zertifiziert nachhaltig . Seit bald 30 Jahren bio-logisch . www.farfalla.eu
Leusbündtweg 49a . 6805 Feldkirch . info@farfalla.eu . T +43 5522 761 37 0